하느님이 보이지 않는
그곳에서

Μητροπολίτης Μεσογαίας και Λαυρεωτικής Νικόλαος
Εκεί που δεν φαίνεται ο Θεός
Copyright © 2009 Ιερά Μητρόπολη Μεσογαίας και Λαυρεωτικής

Korean Translation Copyright © 2022 Korean Orthodox Editions
All rights reserved

인간의 고통과 죽음, 그리고 정교회가 말하는 참된 생명

하느님이 보이지 않는 그곳에서

니콜라오스 대주교
요한 박용범 옮김

정교회출판사

머리말

이 책은 메소게아와 라브레오티키 대교구장이신 존경하는 니콜라오스 대주교님의 저서입니다. 이 책의 출간을 앞두고 머리말을 쓰고 있는 제 영혼이 지금 영적인 기쁨과 환희로 넘칩니다.

  니콜라오스 대주교님은 정교회의 고위 성직자 중 가장 학식이 뛰어나신 분들 가운데 하나입니다. 신학과 물리학을 공부한 것 외에도, 하버드 대학교와 매사추세츠 공과대학교(MIT)에서 천체 물리학, 기계 공학 그리고 생명 의과학 석사 및 박사(Master of Arts, Master of Science, Ph.D) 학위를 받으셨으며, 미국 항공우주국(NASA)에서 2년간 우주 의료 기술 분야 과학 고문으로 활동하셨습니다.

  그리스어로 처음 출간된 이 책은 이후 영어, 아랍어, 불가리아어, 에스토니아어, 스페인어, 폴란드어, 루마니아어, 러시아어로 번역되었으며, 이번 한국어 번역은 열 번째 언어가 됩니다.

  이 책이 많은 사람들에게 사랑받는 이유는 언제나 시의적절하고 중요한 주제, 즉 하느님으로부터 멀어진 채로 삶을 살아가는 사람들이 개인적, 가족적 그리고 사회적 불행에 직면했을 때 느끼는 고통의 문제를 다루고 있기 때문일 것입니다.

  특히 오늘날 코로나19가 쓰나미처럼 전 세계를 휩쓸 때, 사람들은 하느님을 찾아 도움을 구하지만 그것을 얻지 못하고 있습니다. 왜냐하면 하느님을 잘못 찾고 있기 때문입니다. 그러면서 사람들은 "하느님은 어디 계시지?" 또는 "왜 하느님은 고통과 불행에 빠진 우리를 도와 주시지 않는 거지?"라고 강하게 의문을 제기합니다. 이 책은 이러한 질문에 본질적이고 신뢰할 만한 답을 제공해 줍니다.

이 대답-증언은 신뢰할 수 있습니다. 왜냐하면 하느님의 현존을 설득력 있게 보여 주는 이 글은 작가의 개인적인 경험과 사건을 기록한 것이기 때문입니다.

한국 대교구의 '정교회출판사'에서 이 책을 번역, 출판, 배포할 수 있게 허락해 주신 대주교님께 진심으로 감사를 표합니다. 이 책의 출판은 저희 출판사에도 큰 영예가 되었습니다.

독자들이 이 글을 접하고 인간의 일상을 뒤덮고 있는 고통, 슬픔, 한숨으로부터 영적인 위안을 얻을 수 있을 것이라는 신념 속에, 사랑하는 한국인 독자들에게 이 책을 바칩니다. 책에 소개되어 있는 것처럼, 하느님의 놀라운 현존의 증언이 독자들을 감사의 찬양으로 이끌어 주길 소망합니다.

정교회 한국 대교구
† 조성암 암브로시오스 대주교

† 조성암 대주교

❦ 저자 약력

메소게아와 라브레오티키 대교구의 니콜라오스 대주교는 테살로니키 대학교에서 물리학을 전공했다. 이후 하버드 대학교에서 천체 물리학 석사 학위를, 매사추세츠 공과대학교에서 기계 공학 석사 학위를 받았다. 이 두 학교의 협력 프로그램으로 진행한 박사 과정에서는 생명 의 과학을 연구하고 학위를 받았다.

또한 보스턴의 한 병원(New England Deaconess Hospital)에서 심장과 혈관의 혈역학 분야 연구원으로 일한 경력이 있고, 미국 항공우주국에서 우주 의료 기술에 관한 과학 고문으로 2년간 활동하기도 했다.

다른 연구를 진행하면서 보스턴의 성십자가 그리스 정교회 신학교에서 석사 학위를 받았고, 테살로니키 대학교에서 생명윤리학을 전공으로 신학 박사 학위를 받았다. 아테네 대학교와 판디온 대학교의 명예박사이며 그리스 림프 학회 명예회장이다.

대주교는 서른다섯의 나이에 수도사의 길을 걷기로 결심했다. 초기에는 아토스 성산에서 수도 생활을 하며 여러 거룩한 수행자들, 영적 지혜가 깊은 수도사들과 교류를 가졌다. 이어서 아테네에 있는 주님의 승천 성당(아토스 성산의 시모노 페트라스 수도원 소속)에서 수도사제로 10여 년간 봉직했고, 2004년에 메소게아와 라브레오티키 대교구의 대주교로 선출되었다.

1993년, 그리스 최초로 생명의학윤리센터를 설립했으며 그때부터 이곳의 회장을 역임하고 있다. 또한 1998년부터 현재까지 그리스 정교회(Church of Greece)의 생명윤리위원회장을 맡고 있으며, 국가연구기술협의회, 국립장기이식기관, 국립의약품청의 국가윤리위원회 등에서 위원을 역임하기도 했다.

그리스 정교회의 생명윤리위원회장으로서 여러 나라 정교회들이 참여하는 회의와 실무 모임에 대표로 참석하였고, 유럽 평의회(Council of Europe), 세계 교회 협의회(WCC), 바티칸 교황청, 영국 성공회 등과 같이 범세계적인 교회, 종교, 정치 국제기구에도 대표로 참석하였다. 또 그리스 정교회에서 장기 이식, 안락사, 생식 기술, 치매 등과 관련한 생명윤리 문제에 대해 공식 문서를 작성하는 부서의 책임을 맡고 있으며, 그리스 정교회 주교회의에서 이와 관련되어 다루는 문제들 대부분에 대해서도 책임을 맡고 있다.

니콜라오스 대주교는 과학, 신학, 영성, 사회적인 주제들을 담은 다수의 논문과 13권의 책을 저술했는데, 그 가운데 많은 저작이 전 세계의 11개 언어로 번역 출간되었다. 현재도 정교 신학과 학문 간의 관계에 대해 체계적인 작업을 이어가고 있으며, 그의 교육 및 사회 활동은 큰 영향력을 발휘하고 있다.

보스턴 어린이 병원의 중환자실에서 4년간 일하며 몸소 겪었던 죽음과 고통의 문제에 관한 여러 대화와 개인적 경험들은 후에 성직자로서 사목 활동을 할 때 매우 중요한 기반이 되었다. 따뜻하게 어루만져 주는 사랑의 힘, 마음을 치유해 주는 동력이 되는 믿음과 결합된 경험, 필연적인 죽음과 딜레마를 수시로 직면해야 했던 경험은 마침내 그가 그리스 아티키의 스파타 지역에 호스피스 병동을 설립하게 만들었다. "갈릴래아"라고 명명된 이 호스피스 병동은 아테네의 여러 병원 및 간호대학과 협력하여 말기암 환자들과 루게릭병(ALS)으로 고통받는 환자들을 완전히 무상으로 보살피고 있다

시작하는 말

사람들은 흔히 우리가 살아가는 이 세상을 "눈물의 계곡" "눈물짓는 곳"이라고 부른다. 어쩌면 타당한 말일 수도 있다. 우리의 시선이 미치는 곳마다 아픔, 슬픔, 불의, 죽음, 죄가 만연하지 않은가. "이 세상의 통치자"(요한 12:31) "암흑 세계의 지배자"(에페소 6:12)는 사탄이다. 그의 존재는 끊임없이 발현된다.

'자존이신 분', 즉 스스로 존재하시고 모든 존재의 원천이신 하느님께서는 겉으로 드러나지 않으신다. 성서는 "일찍이 하느님을 본 사람은 없다"(요한 1:18)고 증언한다. 그 결과 사람들은 하느님의 존재를 의심하게 되었고 심지어는 존재 자체를 부정하기까지 한다. 하지만 하느님께서는 당신의 계명을 지키는 이들에게 "당신 자신을 나타내시고"(요한 21:1) 당신을 사랑하는 이들에게 당신 자신을 보여 주시겠다고 약속하셨다. "그에게 나를 나타내 보이겠다."(요한 14:21)

이 책은 시종일관 어려운 질문을 붙들고 씨름하는 이들, 그들이 마주하는 작은 사건들과 대화를 기록한 것이다. 그 안에서 세속의 논리나 우리의 부족한 인식, 미천한 인간의 오만한 허세에 가려진 하느님의 모습을 찾아내려는 사람들의 고군분투를, 우리는 마주한다. 이 책은 까다롭고 복잡한 난제들을 적극적으로 다루는데, 응당 모두의 것인 이런 문제로 인해 우리는 혼란에 빠지고 때로는 깊은 충격에 휩싸이기도 한다.

그럼에도 이 책은 어떤 직접적인 대답을 주지 않고, 합리적인 방식 또는 인상적인 논거로 독자를 설득하려 애쓰지도 않는다. 다만 하느님의 현존이 진실된 사건들에 투영되고 또 진정성 있는 사람들의 삶 속에 반영되는 것처럼, 보이지 않는 그곳, 고통 속에, 장애 속에, 삶의 비극 속에 그리고 무자비한 죽음 속에 진리의 하느님께서 은밀하지만 그러나 분명하게 현존하심에 대한 감각을 전달하고자 한다.

이 책은 두 부분으로 나뉜다. 먼저 1부에서는 고난과 죽음의 위협을 통해 하느님의 현존을 드러내고자 한다. 동시에 일반적인 우리의 일상이나 합리주의적인 생각과는 매우 다른 논리와 현실을 소개한다. 1부 첫 번째 장에서는 하느님의 기적이 이루어지는 순간에 부재하시는 하느님에 대한 이야기를 다룬다. 이어지는 다음 두 장에서는 마지막 희망조차 사라지는 순간에 개입하시는 하느님을 보여 준다. 그다음 네 번째, 다섯 번째 장에서는 지적 장애를 가진 이들의 소외된 세상 속에, 그리고 주로 젊은이들 가운데 여러 장애를 안고 살아가는 이들의 삶과 존엄 속에 투영되는 색다른 하느님의 모습이 그려진다. 1부의 마지막 두 장에서는 암과 싸우며 죽음의 위협에 직면해 있는 자녀들을 지켜보는 부모들의 비극과, 그 안에서 드러나는 하느님의 현존에 대해 간략히 서술한다.

제2부에서는 죽음이 야기하는 의심과 믿음에 대한 대화가 시도된다. 여기서 죽음은 발생 가능한 어떤 공포스러운 사건이 아니라 우리에게 주어진 것, 당연하게 벌어지는 일로서 묘사된다. 하느님에 대한 의심은 진솔한 질문과 이성적인 논증을 통해 표현되는 반면, 현존하시는 하느님이라는 진리는 실제로 벌어진 사건들 속에서 드러난다. 2부 첫 번째

장에서는 누군가의 마지막 순간을 함께하며 힘을 보태는 것이 사회적 사랑의 행위일 뿐만 아니라, 이를 통해 영원한 삶에 대한 스스로의 믿음 또한 강화된다는 사실을 언급한다.

죽음은 끝이 아니다. 그것은 참된 생명의 상태, "고통도 슬픔도 한숨도 없는" 영원한 생명으로 옮아가는 것이다. 이어지는 글에서 다루는 이야기들을 따라가며 우리는 영원한 부활에 대한 인식에 점차 가까워진다. 그것은 자녀를 먼저 떠나보내는 비극을 겪은 이들의 마음에 싹트거나, 스스로의 죽음을 하늘나라에 대한 '기대'로 승화시킨 우리 이웃들의 내면 가장 깊은 곳에 각인되었던 인식이다.

이 책에 서술된 사건들은 모두 실화이다. 다만 개인의 신상을 보호하기 위해 필요한 경우 이름, 장소 또는 일부 상세 사항을 임의로 수정했다. 또한 이야기의 진정성과 진실이 훼손되지 않도록 윤색하지 않으려 의식적으로 애썼으나, 일부 내용은 두 가지 사건을 하나로 합쳐 서술하기도 했다. 이 글을 쓴 목적은 어떤 사건이나 이야기를 정확하게 기록하기 위한 것이 아니다. 인간 영혼의 진실뿐만 아니라 우리의 일상 속에, 인간 세상 속에, 특히 '하느님이 보이지 않는 그곳에' 하느님께서 현존하고 계시다는 놀라운 진리를 가능한 한 가장 명확하게 보여 주기 위해서이다.

하느님은 그분의 형상에 있어서는 '다른(other)' 분이시고, 우리와의 만남에 있어서는 '낯선' 분이시며, 우리에게 현현하실 때는 '새로운' 분이시다. 이 책의 목적은 기존의 사고방식을 깨고, '삶의 쇄신', 세상으로부터의 '멀어짐'을 불러일으켜 위대하신 분을 볼 수 있도록(요한 1:51), 인식하지 못했던 것을 믿도록, 그리고 "희망했던 것들을 볼 수 있도록"(히브리 11:1) 하는 데 있다. 그럴 때만이 사람과 사건 들에 상처받고, 자신의 타고난 본성을 슬퍼하며, 스스로의 논리에 좌절하던 사람이 비로소 빛을 직시할 수 있게 된다. 그리고 협조자 성령에 감화되어 "굳건한 믿음을 갖게 되고"(1 고린토 16:13) "주님에게서 강한 힘을 얻어"(에페소 6:10) "기꺼이 고통을 감수"(골로사이 1:24)하게 된다.

차례

머리말 … 4
저자 약력 … 6
시작하는 말 … 10

제1부

베짜타 못 가의 병자 치료 … 19
의학의 오류로 밝혀졌을 때 … 34
우리가 감당하기 어려운 커다란 기적 … 44
가치 없는 삶이 존재할까? … 59
불의에서 구원으로 … 75
나의 하느님, 왜 저에게? … 93
고통의 '축복' … 103

제2부

떠나는 이 곁에서 … 113

천사들은 어디로 가는가? … 128

삶과 죽음의 경계에서 … 144

그라마티코의 블랙 마운틴 … 157

십자가의 수난을 겪은 뒤
        슬픔 없는 영원으로 떠나는 영혼의 여정 … 173

알려지지 않은 한 성인의 안식 … 193

맺음말을 대신하여 … 208

일러두기

본문의 주는 모두 정교회출판사 편집부의 것입니다.

제1부

"불과 물 속을 지나가게 하셨습니다.
그러나 마침내는 숨 돌리게 건져주셨습니다."

(시편 66:12)

✢ 베짜타 못 가의 병자 치료

"선생님, 그렇지만 저에겐 물이 움직여도 물에 넣어줄 사람이 없습니다." (요한 5:7)

우리가 사는 세상은 참으로 끔찍하다! 우리의 시선이 닿는 곳마다 고통, 불의, 악, 긴장, 죄, 폭력, 전쟁, 불행이 있다. 도대체 왜 그럴까? 왜, 이 모든 것들이 자연의 아름다움, 견줄 데 없는 선함, 인간의 위대함과 공존하는 것인가? 도대체 왜 선과 악이, 행복과 불행이 함께 얽혀 있어야 하는 것인가? 왜 끊임없이 하느님의 부재에 관한 자극적인 질문이나 그분의 존재를 부정하는 은밀한 의심과 맞서야 하는가?

얼핏 보기에 이 세상은, 분명히 지각할 수 있고 아니면 이성적으로 발견할 수 있는 하느님의 존재를 들추지 않는다. 오히려 그런 하느님을 지우려 한다. 세상을 합리성의 언어로 이해하려는 시도는 고통스러운 의심으로 이어진다. 삶은 역동적인 잠재성으로 가득하지만 그 너머에는 아무것도 없는 것이 아닐까? 무한한 아름다움이 넘치는 세상이지만 그 마지막은 분명한 죽음뿐이지 않을까? 영원을 향한 우리의 열망은 지금, 여기에서 겪는 고통, 실망과 밀접한 관계가 있다. 이런 허무주의적인 생각의 끝은 끔찍한 결론으로 이어진다.

그럼에도 하느님이 계시지 않는 세상은 견디기 어려운 곳이다. 그분의 부재에 대한 모든 생각은 깊은 좌절, 공허감, 목적의 결핍, 목적지에 대한 불안, 존재의 이유나 의미에 대한 환멸을 불러온다. 지금 당장은 거리낌 없이 더 편하게 행동할 수 있지만, 동시에 미래에 대한 전망과 더 나은 삶에 대한 기대는 사라진다. 반면에 하느님의 현존에 대한 확신은 희망을 낳고, 빛을 주며, 방향을 제시해 준다. 성서는 하느님을 살아 계시고, 능동적이시고, 역사에 개입하시는 분으로 소개한다. 우리가 성서를 읽는 것은 그것을 통해 깨달음, 힘과 위로를 얻기 위함이다. 성서에서 언급하는 수많은 사건은 하느님의 현존을 드러낸다! 기적들은 그분의 능력과 사랑을 증명해 주고, 성서에 기록된 진리는 그분께서 하신 말씀의 진정성을 확인시켜 준다. 우리는 성서를 읽고 외친다. "민족들아, 너희는 결국 실패할 줄 알아라. … 하느님께서 우리와 함께 계신다."(이사야 8:9-10) 하느님께서 우리와 함께 계신다는 이 신념은 우리 힘의 원천이다. 우리가 성서를 읽는 것은 믿기 위함이 아니다. 우리가 성서를 펼쳐서 읽는 이유는 믿고 있기 때문이다. 깨우침의 희망 안에서 말이다.

그런데 한번 생각해 보자. 때론 성서를 읽고 마음이 동요할 수도 있다. 성서가 믿음을 쌓아 올리고 강화하는 걸 돕는 대신, 돌연히 분노를 일으키고 오히려 그 믿음을 무너뜨릴 수도 있다. 명확해지기보다 혼란스러워질 수도 있다. 처음엔 경탄을 자아내지만 사유하려고 잠시 멈칫하는 순간 숨 막히는 곤경에 처한 듯한 느낌을 받게 하는 것, 성서는 그런 진리를 보여 준다.

요한 복음사가가 요한복음 5장에서 기술하고 있는 베짜타 못 가의 병자 치료 이야기에서 우리는 그리스도의 신성의 능력에 깊은 인상을 받는다. 그분의 말씀 한마디로 그동안 지속되어 왔던 매우 드문 기적의 방법이 무력화되고, 예기치 못한 치유의 기적이 전례 없는 방식으로 일어났기 때문이다. 하지만 내용의 면면을 자세히 들여다보면 전혀 다른 광경이 드러난다. 믿음의 메커니즘을 극단적으로 시험하는 질문들이 제기된다. 합리적 사고를 하는 사람에게는 냉혹하고 혼란스러운 도전이다.

38년간 누워서 꼼짝도 할 수 없었던 한 사람이 주님의 눈에 띄어 인상적인 방법으로 치유된다. 복음사가 요한은 그만의 간결한 방식으로 이 기적적인 치료를 묘사한다. 그런데 치료의 결과가 우리의 믿음에 위안을 줄 지라도, 세부적인 내용은 외려 충격을 안겨 준다.

요한 복음사가가 기술한 바에 따르면 물이 있는 못 주변에는 "소경과 절름발이와 중풍병자 등 수많은 병자들이 누워 있었다. 그들은 물이 움직이기를 기다리고 있었다."(요한 5:3) 다시 말해 못 가에 난치병, 중병으로 고통받는 불행한 병자들이 한데 모여 하나같이 기이한 경쟁심을 불태우고 있었다. "이따금 주님의 천사가 그 못에 내려와 물을 휘젓곤 하였는데 물이 움직일 때에 맨 먼저 못에 들어가는 사람은 무슨 병이라도 다 나았"기 때문이다.(요한 5:4) 이렇게 그들은 천사가 내려와 물을 휘저었다는 소식을 애타게 기다리다가 그것을 듣는 순간 남아 있는 온 힘을 다해, 정말 사력을 다해 몸을 이끌고 물이 있는 곳으로 나아갔다.

38년간 중풍에 시달리던 이 병자도 이들 가운데 있었다. 그런데 그곳을 지나던 예수님께서 거기 누워 있는 그를 보시고 그에게 다가가 말씀하셨다. "낫기를 원하느냐?" 참으로 평범한 질문이 아닐 수 없다! 그런데 중풍병자는 즉시 "당연히 원합니다"라고 답하지 않고 "선생님, 그렇지만 저에겐 물이 움직여도 물에 넣어줄 사람이 없습니다. 그래서 저 혼자 가는 동안에 딴 사람이 먼저 못에 들어갑니다"라고 대답하였다.(요한 5:7) 그의 대답에 주님께서는 그에게 "일어나 요를 걷어들고 걸어가거라"(요한 5:8)라고 하시고 더 이상 아무 말씀도 하지 않으셨다. 주님께서는 이렇게 기존의 기적의 방식과는 전혀 다른 아주 단순한 방법으로 그에게 건강을 주시고, 고통과 슬픔의 침대에서 그를 일으키셨다. 더 나아가 그가 요를 들고 갈 수 있는 힘과 하느님의 축복을 받으러 가는 힘도 주셨다. 이 모든 것을 주님께서는 손가락 하나 까딱하지 않으시고 오직 말씀만으로 이루셨다. 38년이라는 긴 세월을, 일평생을 중풍병자로 살아온 그를 말씀만으로 치유하신 것이다.

보통 우리는 후반부, 기적이 주는 인상에 주목하며 하느님의 위대함을 고백한다. 주님은 베짜타 못의 기적을 넘어서는 능력으로 병자의 육체는 물론 영혼까지 치유하심으로써 우리를 놀라게 하신다. 하지만 요한 복음사가가 기술한 전반부를 주의 깊게 살펴보면 우리 내면의 감정은 많이 달라질 것이다.

베짜타 못 가의 광경은 참혹하고 거부감을 일으킨다. 끊임없이 질문이 쏟아진다. 천사는 "이따금" 조용히 내려와 물을 휘젓고 "첫 번째" 병자만이 치유된다. 기적은 여기서 끝이 난다. 하느님의 자비는 그만큼일 뿐이다. 생각과 논리의 비극이 여기서 시작된다. 엄청난 고통, 설명이 되지 않는 불의, 답변 없는 질문들이 터져 나온다. 하느님의 자비는 미미하다. 오직 한 사람, 첫 번째 사람에게만 유효하다. 어떻게 이것을 우리의 이성으로 받아들일 수가 있겠는가? 어떻게 하느님의 사랑을 설명할 수 있겠는가? 그분의 정의, 그분의 겸손을 어떻게 논할 수가 있으며, 그분의 현존을 어떻게 설득할 수 있겠는가? 아니, 오히려 그분의 부재를 증명하는 것처럼 보이지 않는가?

이런 방식으로 하느님께서 당신의 신성을 보여 주시고 치료하신다고 누가 믿을 수 있겠는가? 그 순간에 벌어지는 광경을 떠올려 보라. 왜 천사는 은밀하게 내려와 물을 휘젓고는 준비되지 않은 불행한 사람들, 소경, 절름발이, 병자, 불구자 등이 잔인한 경쟁을 해서 첫 번째로 물에 들어가려 안간힘을 쓰게 만드는 것인가? 하느님의 자비는 단 한 사람만을 위한 것인가? 두 번째 사람에게는 자비가 없는 것인가? 무슨 기준이란 말인가? 그들이 지닌 덕이 아니라 육체적인 기량이나 기술에 의한 것인가? 겸손과 영적인 투쟁이 아닌 경쟁에서의 승리에 있는 것인가? 어째서 가장 훌륭한 사람이 아닌 첫 번째 사람인가? 이 모든 것이 미미한 사랑과 불의를 드러내는 것은 아닌가?

다른 걸 다 떠나 어떤 하느님의 천사가 이런 혼란을 야기하고, 이런 현상을 다 보고 돌아가서는 나는 하느님의 뜻을 수행했다고 마음 편히 있을 수가 있겠는가? 궁극적으로 과연 어느 것이 더 큰 의미가 있는 것인가? 치료받은 한 명의 기쁨인가? 아니면 남겨진 여러 사람의 비극인가? 그리고 그 한 사람 역시 정말로 자신의 믿음이나 미덕에 대한 보상으로 치료가 된 것이라면, 그동안 자신과 함께 괴로워하던 다른 병자들이 여전히 고통 속에서 단 한 명, 그것도 가장 선하거나 가장 아픈 사람이 아닌 가장 '운이 좋은' 사람을 감싸 주시는 하느님의 기이한 호의만을 기다리며 바라고 있는데 어떻게 혼자서만 건강을 되찾았다고 기뻐할 수가 있겠는가? 그렇다면 공분을 사지 않겠는가? 이 모든 것이 과연 하느님의 시선 아래에서, 하느님의 뜻에 의해 이루어질 수 있는 것인가?

옆에 있는 사람은 치유를 받았는데 자신은 그 기회를 놓친 것 같을 때, 그가 느끼는 질투의 감정은 매우 인간적이다. 이 질투가 천벌을 받을 만한 죄인지는 솔직히 잘 모르겠지만, 견디기 어려운 시련인 것만은 분명하다. 왜 하느님께서는 이런 일을 공공연히 허락하시는가?

중풍병자는 "저에겐 물이 움직여도 물에 넣어줄 사람이 없습니다"라고 고백한다. 그는 38년이라는 인고의 세월을 하나의 희망, 물이 움직일 때 첫 번째로 들어가면 병이 치유될 수 있다는 실낱같은 희망 속에 살아왔다. 하지만 하느님의 자애와 그 오랜 투병의 시간은 어떻게 서로 병존할 수 있는 것인가? 젊은 시절엔 장애를 가지고 살다가 왜 노년이 되어서야 건강을 찾는 것인가? 그는 어째서 계속되는 절망과 불행을 견디며 38년이라는 긴 세월 동안 치료를 기다려야만 했는가? 왜 불행한 사람의 유일한 위로는 자신과 같은 처지의 사람들과 함께할 때인가? 결국 그가 고통받는 유일한 사람이 아니거나 또는 치료받는 데 실패한 유일한 사람이 아니라는 공감 때문이 아닌가? 왜 하느님께서는 이토록 큰 고통을 허락하시는 것인가? 그것도 부당하게, 공평하지 못하게 그 고통을 나누시는 것인가? 결국에는 하느님께서 기적을 행하시는 것처럼 보이지만 ― 의심의 여지없이 기적이다. ― 이야기의 전체적인 분위기는 '도움을 줄 이'가 부재한다는 느낌을 자아낸다. 일면 이해가 될 수도 있지만, 그분이 하느님이시라면 어떤 식으로든 정당화될 수 없다. 하느님의 능력은 보이는데 하느님의 사랑은 명백하지 않다. 이것을 어떻게 받아들일 수 있겠는가? 어떻게 이런 하느님이, 복음서의 다른 부분에서 드러나시는 하느님과 병존할 수가 있단 말인가?

하지만 우리의 추론 기능이 고립 속에 홀로 작용할 때, 추론의 시야를 벗어날 뿐만 아니라 추론을 방해하고 잘못된 방향으로 이끄는 뭔가가 있는 것은 아닐까? 시편과 몇몇 교부 서적들을 훑어보면 다윗과 성인들의 입을 통해 하느님의 명백한 부재의 느낌이 얼마나 자주 표현되어 있는지 우리는 보게 될 것이다. 다윗은 울부짖는다. "주여, 어찌하여 멀리 계십니까? 이토록 곤경에 빠졌는데 모르는 체하십니까?"(시편 10:1) '제가 잊힌 것 같습니다. 버려진 것 같습니다. 제가 당신께 말하지만 당신은 저에게 오시지 않고, 제가 당신께 소리치지만 당신은 제 말을 들어주시지 않습니다. 제가 당신께 희망을 걸고 있지만 당신은 저에게서 멀리 계십니다.'

내가 하느님을 필요로 할 때, 하느님을 애타게 찾을 때 하느님은 나의 삶에 부재하신다. 신학자 그레고리오스 성인께서 말씀하셨듯이 "그리스도께서는 누워 주무시고 계신다." 순교자들의 순교 때 하느님께서 부재하신 것은 아닌가? 혼란, 분쟁, 전쟁, 불의, 병마, 죄, 정욕의 세상에 하느님께서 부재하신 것은 아닌가? 심지어 주님의 수난 때, 십자가에 못 박히셨을 때, 무덤에 묻히셨을 때 하느님께서 그곳에 부재하신 것은 아닌가? 그때 그리스도께서는 이렇게 외치시지 않았는가? "나의 하느님, 나의 하느님, 어찌하여 나를 버리셨나이까?"(마태오 27:46) 그렇다면 어떻게 부재하시는 분이 언제 어디에나 계실 수 있다는 말인가?

그렇다면 하느님께서는 진정 그곳에 계시지 않는 것인가? 그토록 부재하시는 분인가? 혹시 다른 뭔가가 있는 것은 아닐까? 혹시 이런 논리적인 사고 이면에 우리의 타락과 하느님의 사랑, 우리의 병약함과 그분의 힘, 우리의 빈약한 논리와 그분의 신성, 그분의 신비를 이해할 수 없는 우리의 무능력과 그분의 지혜를 결합해 주는 다른 섬세한 영적인 논리가 감춰져 있는 것은 아닐까? 십자가에 달리신 그리스도를 선포하는 것이 "유다인들에게는 비위에 거슬리고 이방인들에게는 어리석게 보이는 일입니다. 그러나 유다인이나 그리스인이나 할 것 없이 하느님의 부르심을 받은 사람들에게는 그가 곧 메시아시며 하느님의 힘이며 하느님의 지혜입니다."(1 고린토 1:23-24) 이 말이 무엇을 의미하는 것인가? 혹시 타락한 세상의 천박한 논리가 지혜뿐만 아니라 신성의 능력마저 감추고 있는 것은 아닐까?

우리가 매일 확인하는 죽음, 인간 존엄의 붕괴 그리고 위에서 설명한 조각난 논리는 분명 하느님과 양립할 수 없다. 그분의 사랑과도, 그분의 고결함과도 이질적인 것이다. 하느님께서는 오직 생명이시다. 죽음이 그 권세를 과시할 때, 하느님께서는 부활이시다. 우리가 방금 언급한 모든 질문은 죽음과 타락이 지배하는 세상에 어울리는 것이다. 여기서 핵심적인 질문은 이것이다. 모든 것을 "보시기에 참 좋"도록(창세기 1:31) 지으신 하느님께서는 어떻게 당신의 세상에 "현세의 정복자"와 타락의 지배를 용인하셨는가? 그렇다면 주님의 죽음과 그분 주검의 매장은 최종적으로 어떻게 설명되어야 하는 것인가?

이 모든 것에 대한 답은 오직 그리스도의 부활의 사건만이 줄 수 있다.

복음서에서 하느님의 현존을 설명하는 부분을 주의 깊게 살펴본다면 우리는 복음사가들이 주님께서 "오셨다"라는 술어 대신 그리스도께서 "나타나시다" 또는 그리스도께서 당신 자신을 "드러내시다"라는 표현을 선호했음을 알 수 있다. "오셨다"는 술어는 그분이 마치 어딘가 다른 곳에 계시다가 당도하신 것 같은 느낌을 준다. 이것은 그리스도, 하느님께서 그곳에 계시는지의 여부가 아니라, 그분이 우리에게 모습을 드러내실 때 우리가 그의 현존을 알아차리는지에 초점이 맞춰져 있음을 의미한다. 만약 우리가 베짜타 못 가에 있으면서 다른 사람이 치료되는 것을 보았다면, 과연 우리는 그것을 보고 하느님의 출현이라고 말할 것인가? 아니면 우리가 치유되었을 경우에만 하느님의 출현이라고 고백할 것인가? 만약 우리가 우리 이웃에게 일어나는 기적을 본다면 그것은 하느님의 출현인가? 아니면 기적이 우리 자신에게 일어날 때만이 하느님의 출현인가? 우리가 바라는 시간과 방식, 우리가 가진 통념에 맞춰 출현하실 때만이 그분의 출현은 설득력이 있는 것인가? 어째서 기적 그 자체가 아니라 우리의 욕구를 충족하는 사건만이 하느님께서 현존하신다는 증거가 되는가? 어느 것이 더 가치 있는 일인가? 우리가 치료받는 것인가 아니면 우리 이웃들에게 하느님께서 현현하시는 것인가? 혹시 우리의 이기주의가 사건의 본질과 그 안에 담긴 심오한 진리를 왜곡하는 주된 이유는 아닌가?

하느님께서는 지금은 부재하시고 언젠가 어딘가에서 오시는 분이 아니라, 드러나지 않게 현존하시고 계시는 분이다. 복음사가들과 우리의 교부들이 "나타나시다" "숨은 곳에서 나오시다" "우리에게 드러내시다"와 같은 표현을 애용한 이유가 바로 여기에 있다. 그런데 하느님께서는 볼 수 있는 자에게 나타나신다. 그러므로 우리에게 나타나시는 하느님을 알아보려면, 우리를 찾아오시는 하느님의 순간과 우리의 순수하고 깨어 있는 마음이 잘 만나야 한다.

복음경은 한 명의 중풍병자에 대해서만 말하는 것이 아니다. 한 명의 중풍병자의 순간에 대해 분명하게 말하면서 동시에 이 세상의 모든 중풍병자들의 순간에 대해서도 말하는 것이다. 따라서 그것은 당연히 우리의 순간이기도 하다. 하느님과 인간 사이에 술래잡기가 벌어진다. 참된 하느님께서는 인간의 변덕에 맞춰 분별없이 언제 어느 때나 나타나시며 자신의 존재를 낮추시고 낭비하시는 그런 분이 아니다. 현세의 누추한 구석과 이해하기 힘든 우여곡절 가운데 숨어 계시는 분이다. 하느님께서는 진정 실재하신다. 우리가 해야 할 일은 두 가지이다. 하나는 인내하며 때를 기다리는 것이고, 다른 하나는 우리의 눈을 티 없이 맑게 하기 위해 투쟁을 하는 것이다. 그러면 중풍병자처럼 우리의 시간이 올 것이다. 38년 뒤가 될 수도 있고, 내일이 될 수도 있으며, 이 세상에서 눈을 감기 5분 전일 수도 있다. 하지만 분명한 것은 우리 모두를 위한 하느님의 순간이 있으리라는 사실이다. 그리고 그때 기적적인 치유를 동반한 오랜 투병은 하느님의 현존을 경험치 못한 건강함보다 더 큰 축복이 된다.

하느님께서는 우리 삶에 비밀스럽고 영적인 방식으로 현현하신다. 이는 교회가 언제나 경험해 오던 것으로, 그저 모호한 회피의 말이 아니었다. 우리가 사는 세상은 타락한 세상, 죽음이 내재된 세상이다. 오늘 죽지 않는다면 내일 죽게 될 것이다. 그리스도께서 라자로를 부활시키셨듯 오늘 우리를 부활시키신다 해도, 우리는 얼마 뒤 이 세상을 떠나게 될 것이다. 질병이나 끔찍한 사고가 아니라도 어떤 방식으로든 우리는 이 세상을 떠나게 될 것이다. 하느님의 현존은 우리 각자에게 구원의 인식을 주기 위함이다. 현세에서의 건강이나 힘, 끝없는 삶이 아니라 불멸을 향한 열망, 영원에의 희망을 주기 위한 것이다. 비록 우리가 아프거나 시련을 겪더라도, 부당한 대우를 당하더라도, 혹은 우리의 이성적 요구나 신체적 필요로 인해 하느님을 현존을 직접적으로 느끼지 못하더라도 그분의 영적인 현존을 우리 삶에서 느끼고 그 온기를 경험하게 하시려는 것이다. 만일 우리가 그리스도를 우리 안에 모시고 산다면, 우리 곁에 하느님을 모시고 있다면, 우리가 그분의 품 안에 있다고 느낀다면 어려움과 시련의 무게가 우리에게 과연 무슨 의미가 있겠는가! 주님께서 십자가 위에서 철저하게 버림받았다고 느끼셨던 그 순간이 무엇보다도 하느님께서 현존하신 순간이었다. 하느님의 섭리의 사역이 성취되던 순간에 하느님께서 부재하시다는 것은 어불성설이다. 우리에게도 마찬가지다. 우리가 시련을 겪을 때, 유혹에 시달릴 때, 우리가 하느님으로부터 버림받았다는 느낌이 아주 강렬할 때 오히려 하느님의 현존은 분명하고 완전하다. 우리의 구원에 있어 하느님의 부재는 있을 수 없다.

그러므로 우리가 보는 것과는 다른 세상이 존재하며, 우리는 그것을 알아볼 수 있어야만 한다. 그때 우리는 하느님께 영광을 돌릴 수 있을 것이다. 언젠가는 잃게 될 건강을 얻거나 또 언젠가는 끝나게 될 우리의 삶을 위협에서 구하시는 것이 아닌, 하느님께서 우리에게 풍성하게 베푸시는 축복에 대해, 즉 구원을 누릴 수 있는 기회를 주신 것에 대해, 우리가 하느님 나라에 참여하고 그 일원이 되어 우리의 하느님과 구세주를 "얼굴을 맞대고" 뵐 수 있도록 해 주신 것에 대해서 말이다.

베짜타 못 가의 중풍병자에게 있었던 기적에서 우리는 몇 가지 주목해야 할 점이 있다.

여기서 기적의 위대함은 하느님께서 당신의 사역을 어떤 한 천사가 아닌 신인(神人)이신 예수 그리스도를 통해 이루신다는 점이다. 예수께서 중풍병자에게 다가가시고 그를 치유하시는 것이다. 기적을 기다리는 사람들은 못에 먼저 들어가기 위해 언제 천사가 내려와 물을 휘저을지 예의주시할 필요가 없다. 우리가 주목해야 할 부분은 예수님의 주시이다. 중풍병자가 주님을 제대로 인식하기 전에 주님께서 그를 먼저 보신 것이다.(요한 5:6) 특히 병이 나은 후에 성전에 간 중풍병자는 완고한 유다인들과의 대화 속에서 자신의 병을 낫게 해준 사람이 누구인지 모른다고 고백한다.(요한 5:13) 복음사가는 그때 주님께서 그에게 나타나셔서 당신이 누구인지를 밝히셨다고 전한다. 그리고 중풍병자는 다시 유다인들에게 가서 자기 병을 고쳐 주신 분이 예수님임을 밝혔다.(요한 5:15)

이뿐만 아니라 흥미로운 지점이 또 하나 있다. 중풍병자는 그를 못까지 데려가 밀어 줄 사람이 필요하지 않았다. 왜냐하면 주님께서 누가 봐도 당연한 대답이 나올 만한 단순한 질문을 하시며 그를 치유하셨기 때문이다. 주님께서는 그에게 낫기를 원하는지 물어보셨다. 그런데 그는 기이하게도 '원합니다'라고 대답하지 않고 그릇된 방향으로 나아갔다. "선생님, 저에겐 물이 움직여도 물에 넣어줄 사람이 없습니다." 다시 말해 그는 하느님께서 자신의 병을 치유해 주실 수 있다는 어떤 기대 없이 오직 천사에 의한 치유에 몰두한 채 절망감에 빠져 있었던 것이다. 그에게는 유일한 희망이 물이 움직일 때 자신을 그 물에 넣어 줄 사람을 찾는 것이었다.

 중풍병자의 첫 번째 잘못은 그가 느끼는 대로 '네, 주님 원합니다'라고 대답하는 대신 설명을 한 것에 있었다. 두 번째 잘못은 그가 치유의 장소에 가서 하느님에 대한 희망 없이 기적을 희망한 데 있었다. 그는 명백히 하느님으로부터의 치유를 원하지 않았다. 아마 믿지 않았을 것이다. 그의 세 번째 잘못은 이기심을 드러낸 것이다. "저 혼자 가는 동안에 딴 사람이 먼저 못에 들어갑니다."(요한 5:7) 즉 자신이 못으로 향하는 동안에 불행하게도 다른 사람이 먼저 들어가 치유됨을 이야기한다. 아마도 이것은 정당한 이기심, 자연스런 이기심으로 보인다. 그럼에도 그것은 분명히 이기심일 뿐 극기심은 아니다. 그의 말을 해석해 보자면 다음과 같지 않을까 싶다. '저도 건강해지고 싶습니다. 저도 제 몸에 관심이 많습니다. 하지만 불행하게도 다른 사람들이 저보다 앞서 들어갑니다. 그래서 제가 아닌 그들이 먼저 치유를 받습니다.'

사람들은 중풍병자의 태도에 주님께서 그를 꾸짖으실 것이라 생각했을 것이다. 하지만 주님께서는 그렇게 하지 않으셨다. 어떤 비판도 하지 않으시고, 그를 일깨우기 위해 애를 쓰지도 않으셨다. 단지 "일어나 요를 걷어들고 걸어가거라"라고 말씀하신 후에 그에게서 떠나가셨다.

주님께서는 신분의 흔적을 남기거나, 자신의 이름을 세상에 떠벌리지 않고 조용히 치유하신다. 그래서 병을 치유받은 중풍병자는 주님을 알지 못했다. 당신의 말씀과 충고로 그의 마음을 흔들지도 않으셨고, 그에게 삶의 변화를 촉구하며 정신을 혼란하게 하지도 않으셨다. 더욱이 주님께서는 그의 절반만을 치유해 나머지 반은 치유되지 않은 상태로 불안에 빠지게 놔두지 않으셨다. 얼마 후에 성전에서 그를 만나신 주님은 단지 육체만이 아닌 그의 영혼도 치유하셨다. "다시는 죄를 짓지 마라. 그렇지 않으면 더욱 흉한 일이 너에게 생길지도 모른다."(요한 5:14) 주님께서는 이 말씀을 통해 그의 병과 비극의 원인이 그의 죄의 상태에 있음을 일깨워 주셨다. 주님께서는 한자리에서 모든 일을 한꺼번에 끝내려고 서두르지 않으신다. 먼저 육체를 치유하시고 나중에 영혼을 치유하신다. 처음에는 그의 비극의 장소에서, 그리고 후에는 예배의 장소, 성전에서 치유하신다.

이 복음은 하나의 기적을 상기시키는 것을 넘어 우리 모두를 일깨우는 계기가 된다. 우리는 못, 삶의 희망을 잃고 눈물로 점철된 못 주변에서, 우리의 합리주의에 속아 영적 소경으로, 영적 불구자로, 영적 절름발이로, 쇠약해진 다리와 온전하지 못한 손을 가진 중풍병자로 살아간다. 교회는 구약의 신성한 자비의 방울이라는 사고방식에서 하느님이

자 인간이신 그리스도의 사랑의 대양으로 우리의 마음이 방향을 전환해 나가도록 노력을 아끼지 않는다.

✛ 의학의 오류로 밝혀졌을 때

하느님의 은총은 당신께서 원하시는 곳에 임한다. (요한 3:8)

진정으로 교회에 자신들의 삶을 내맡긴 부부, 소박하고 순수하고 헌신적인 영혼을 가진 한 젊은 부부가 하느님의 손에 그들의 삶을 맡긴다. 하느님께서는 당신의 두 손으로 그들을 축복해 주신다. 그들의 영적 아버지는 오늘날 성인으로 널리 알려진 뽀르피리오스 신부님이셨다. 신부님은 모든 위험에서 부부를 지켜 주는 방패가 되시고, 모든 위협으로부터 보호막이 되시며, 그들 삶의 면면을 품에 안으신다. 그분의 기도는 부부가 직면하는 삶의 여러 어려움을 덜어 준다. 이렇게 그들은 평온하고 즐겁게, 걱정 없는 나날을 보내고 있었다.

하느님께서는 부부에게 두 딸과 세 아들, 총 다섯 명의 자녀를 선물하셨다. 첫째는 에바였다. 다 큰 성인처럼 사려 깊고 재능 있는 사랑스러운 딸이었다. 그 아이의 얼굴에는 조숙함이 묻어났으며, 밝은 성격에 행동은 얌전했다. 에바는 모든 사람에게 사랑을 받는, 진정한 천사였다. 사람을 끌어당기는 매력이 있는 동시에 경외감을 자아냈다. 그런 에바가 열두 살이 되었다. 아이의 부모는 내심 '하느님을 사랑하는 이들에게는 모든 일이 함께 작용하여 좋은 결과를 이룬다'는 말씀을 생각하며 마음에서 우러나오는 영광을 하느님께 바쳤다. 하느님, 이 얼마나 놀라운 축복인지요!

그러던 어느 날, 에바가 아버지 사무실 밖 도로를 건너고 있을 때였다. 운전자의 통제를 벗어난 자동차 한 대가 이제껏 평온하던 가정을 송두리째 뒤흔드는 사고가 발생했다. 에바는 급히 병원으로 옮겨졌지만 끝내 "고통도 슬픔도 한숨도 없는" 영원한 생명이 있는 곳으로 떠나가고 말았다. 그 누구도 영문을 모른 채 에바는 그렇게 순식간에 하느님의 낙원으로 향했다. 한 치의 의심도 없던 에바의 부모는 고통스러운 충격과 함께 슬픔의 지옥에 던져졌다. 마치 그들의 눈앞에서 하느님께서 종적을 감추신 것과 다름없는 일이었다. 만사가 순조로울 때는 모든 것이 다 좋게 느껴진다. 하지만 모든 일이 가차 없이, 갑자기 뒤집혀 버리면, 그때는 하느님의 부재가 아닌 그분의 존재 자체를 의심하게 된다. 뽀르피리오스 신부님은 부부의 고통에 깊이 공감하시면서도 분별력 있는 방법으로 하느님의 크신 사랑을 강조하신다. 신부님께서 이렇게 지극한 믿음과 사랑, 다정하고 선한 태도로 하느님의 사랑을 표현하시는 것을 듣고 있노라면 그분의 생각이 틀렸을 수도 있다는 의구심은 조금도 들지 않게 된다.

그들의 삶은 이제 오르막길과 같다. 눈에 넣어도 아프지 않을 지상의 천사로부터 기쁨과 행복을 누리는 대신에, 그들이 할 수 있는 것이라고는 상처 입은 믿음과 고통으로 가득 찬 기도 속에서 그 천사의 자취를 더듬는 것이다. 그렇게 세월은 흘러갔다. 남은 아이들은 무럭무럭 자라 주었고 부부는 그들이 예쁘게 잘 커 가는 모습을 보고 또 하느님의 뜻을 겸허하게 받아들이며 아픔의 행복 속에 지냈다.

둘째 딸 데스피나는 첫째 에바와는 한참 달랐다. 장난기가 많고 활동적이었다. 온종일 뛰어다녔고 얼굴에는 웃음이 떠나지 않았다. 그 아이는 티 없는 순수함으로 오로지 기쁨과 희망, 행복만을 발산했다. 데스피나를 보고 있노라면 "지상의 상속자", 하늘나라의 시민의 모습을 떠올리게 된다. 이런 부류의 피조물들은 죄, 질병 그리고 죽음과 아무런 연결고리가 없는 것만 같다. 이런 사람들을 만나게 되면 모든 부정적이고 어두운 생각, 위험을 전부 잊고서 아주 평온하고 평안한 상태가 된다. 물론 그대가 이유도 모른 채 품에서 아이를 떠나보내고서 아직도 마음을 추스르지 못한, 한때 하느님을 올바르지 않게 믿고 있었고 지금까지도 자신의 믿음을 진지하게 되묻고 있는 에바의 어머니가 아니라면 말이다. 이제는 과거의 그때처럼 잘못된 믿음을 가져서는 안 된다. 그렇다면 그대는 기쁨의 한가운데에서도 하느님 나라의 냉혹한 이미지로부터 위협을 느낄 수도 있다. 세속의 미소를 띤 얼굴이 아니라 이 세상 전체와 각각의 사람들에게 시선을 단단히 고정하고 계시는, 비잔틴적 엄정함을 드러내시는 얼굴의 하느님 말이다.

어느 봄날, 데스피나네 온 가족이 알바니아 국경과 가까운 이피로스의 작은 수도원을 방문했다. 한 지인의 수도자 서원식이 그곳에서 예정되어 있었기 때문이다. 그도 약간 장난기가 있는 사람으로, 아이들과 스스럼없이 어울리는 순수하고 마음이 따뜻한 이였다. 수도사로서의 강한 이미지, 급작스러운 외모의 변화와 수도사로서의 삶을 살아가겠다는 절대적인 맹세에도 불구하고 그의 전체적인 모습은 덩치만 커진 행복한 한 아이를 보는 듯한 느낌을 주었다. 아이들도 그와 함께 어울리는 것을 좋아했다. 데스피나는 무척 즐거워했다. 큰 기쁨과 커다란 은혜가 그들을 감쌌다. 모든 것이 놀라웠고, 모든 것이 아름다웠다. 모든 것이 다 하느님의 축복이었다. 이 기쁨을 빼앗아 갈 수 있는 것은 아무것도 없었다. 불가능했다!

하지만 정녕 불가능이란 없는 걸까. 수도사 서원을 한 지 나흘 뒤, 나는 아테네에서 치과의사로 일하는 한 친구로부터 믿지 못할 전화 한 통을 받았다. 그는 우리 모두와 알고 지내는 사이였다.

"신부님, 놀라지 마십시오. 아마도 제가 드리는 말씀을 믿기 어려우실 겁니다."

"무슨 일인지요? 말씀해 보십시오."

"데스피나가 며칠 전부터 오른쪽 어금니에 통증이 있다고 해서 이피로스에서 돌아오는 대로 검사를 받아 보라고 권했습니다. 제가 엑스레이를 찍고 판독해 보니 놀랍게도 아래턱뼈에 종양이 있었습니다. 믿을 수가 없었어요. 혹시 제가 잘못 진단한 것이 아닌지 싶어 다시 검사를 해 보았지만 결과가 계속 똑같이 나오네요."

나는 그가 하는 말의 의미를 잘 알고 있었다. 데스피나는 아래턱뼈를 제거하고 옆구리나 골반에 있는 뼈를 이식하는 아주 위험한 치료를 받아야 한다. 이 치료는 삶의 질을 심각하게 떨어뜨리는 것은 물론, 5년 생존율이 채 10퍼센트도 되지 않는다. 그렇게 사는 것보다 차라리 죽는 편이 더 나을지도 모른다!

나는 이 일을 어떻게 받아들여야 할지 몰랐다. 내가 믿는 하느님께선 이런 일을 허락하신 적이 없었다. 조심스럽게 치과의사 친구에게 되물었다.

"혹시 뭔가 실수가 있었던 건 아닐까요? 좀 더 검사를 해봐야 할 필요가 있지 않을까요? 흔한 치통이 뼈에 있는 종양 때문이라니, 그게 정말 가능한 건가요?

"불행하게도 아래턱뼈의 종양은 쉽고 정확하게 검진으로 확인이 됩니다. 그런데 예후는 매우 안 좋아요. 제가 신부님께 전화를 드린 것은 데스피나가 빨리 미국으로 떠날 수 있도록 도움을 주실 수 있지 않을까 해서입니다. 한시도 시간을 허비해서는 안 되기 때문이에요."

미국에 머문 지 얼마 되지 않았을 때 나는 비슷한 상황에 처한 한 그리스 아이를 만난 적이 있다. 그때 그 가족의 의료 상담에서 내가 통역을 담당했는데, 금발의 일곱 살 소년이었던 그 아이를 만나러 갈 때마다 끔찍한 광경에 내 심장은 곧 멎을 것만 같았다. 수천 개의 질문이 머리를 강타했고 수백 가지 감정들이 마음에서 요동쳤으며, 내 인생의 그 어느 때보다도 더한 혼란스러움과 답답함을 느꼈다. 아이는 결국 병마를 이겨 내지 못했는데, 수개월 동안 삶이라고 할 수 없는 고통의 시간을 보냈다. 아이의 몰골은 불행한 부모의 심장을 갈기갈기 찢어 놓았으며, 세상에서 가장 뛰어난 의술도 그에게 힘이 되어 줄 수 없다는 것을 증명해 보였다.

 그 시나리오가 한 번 더 반복되고 있었다. 데스피나의 가족은 희망을 품고 미국으로, 세상에서 가장 훌륭하다는 의사들이 있는 최고의 병원으로 향할 것이다. 그리고 다시 가망을 안고 그리스로 돌아올 것이다. 아프지만 정상적인 모습의 아이를 데리고 떠났다가, 차마 바라보기 어려운, 견딜 수 없는 무언가와 함께 돌아오게 될 것이다. 물론 가장 좋은 시나리오였을 때 말이다.

 영웅과도 같은 존재였던 데스피나의 아버지는 모든 사실을 알게 되었으나 어머니는 아직 구체적인 내용을 모르고 있었다. 그들은 즉시 축복을 받으러 뽀르피리오스 신부님을 찾아갔다. 동정심 많으신 신부님은 몹시 슬퍼하시며 함께 걱정해 주셨다. 그리고 한 줄기 희망이 미국에 있다는 것을 직감하시고는 당장 그곳으로 떠나라고 조언하셨다. 신부님의 내면에는 그들에 대한 깊은 염려와 함께 작은 희망의 불씨도 타오르고 있었던 듯하다. 이 불씨가 빨리 떠나라는 암시처럼 작용했다.

 일주일 후, 데스피나의 부모는 아이를 데리고 미국 오하이오 주 어딘가로 떠났다. 이 얼마나 긴장되는 여행인가! 걱정과 기대, 절망과 희망이 뒤섞여 있었다. 무슨 수를 써도 소용이 없을지도 모른다는 두려움은 견디기 어려웠다. 이 감정은 육체보다 영혼에 훨씬 큰 아픔을 주었다. 그럼에도 뽀르피리오스 신부님의 기도가 그들을 위로해 주고 있었다. 그리고 그분이 희망을 품고 계시다는 것이 어렴풋한 등불이었다.

 모든 일이 놀라울 만큼 빨리 진행되었다. 그들이 미국에 도착한 지 불과 3일 만에 수술 날짜가 잡혔다. 재차 검사가 진행되었고 병이 확진되었다. 의사들은 정확한 의학 용어를 사용해 가며 부모에게 설명을 해 주었다. 그곳의 법이 그렇게 규정되어 있었고, 그들의 사고방식 또한 그러했다.

수술 당일이 되었다. 전화벨이 울렸을 때 내 시계는 그리스 시각으로 오후 4시 10분을 가리키고 있었다. 데스피나 어머니의 목소리가 수화기 너머로 들려 왔다.

"신부님, 잘 지내시죠? 견디기가 너무 힘들어요. 조금 전 데스피나를 데리고 수술실로 들어갔어요. 7시간 정도 걸릴 거라고 하네요. 정말 미칠 것만 같답니다. 어제는 딸에게 어떻게 음식을 먹여야 하는지 교육을 해 줬어요. 그리고 도구가 든 작은 가방을 주었지요. 왜냐하면 그 도구를 이용해서 아이의 입을 여닫아야 하기 때문이에요. 그리고 수술한 딸에게 좀 더 빨리 익숙해지도록 지난주에 수술했던 한 아이를 제게 보여 주었답니다. 그 모습을 보고 저는 거의 쓰러질 뻔했어요. 신부님, 못 견디겠어요. 견딜 수가 없어요. 기도 좀 해 주세요. 뽀르피리오스 신부님께 전화를 드렸지만 안 받으세요. 저희를 위해 기도해 주실 거라 믿어요."

나는 꿀 먹은 벙어리처럼 아무 말도 못하고 듣기만 했다. 무슨 말을 할 수 있었겠는가? 물론 뭐라고 중얼거리기야 했겠지만 기억이 나지 않는다. 앞뒤는 그럭저럭 맞는 듯한 맥없고 흔한 말인데, 전체를 놓고 보면 생명과 기운의 작은 암시조차 주지 못하는 그런 민망한 소리였을 것이다.

통화가 끝났다. 미국 오하이오 주의 시간은 아침 8시 15분을 가리키고 있었다. 나에게 기도를 청하다니. 내가 무슨 기도를 한단 말인가? 뽀르피리오스 신부님처럼 성인으로 추앙되시는 분이 기도를 해 주시는데, 믿음도 희망도 부족한 내가 하느님께 무슨 말씀을 올린단 말인가? 우리에게 필요한 것을 하느님께서 모르시겠는가? 우리의 비극을 보지 못하시겠는가? 지금까지 당신의 사랑을 굽히지 않으셨는데 왜 이제 와서 그렇게 하시겠는가? 게다가 믿음이 부족한 내가 하느님께 무엇을 청할 수 있겠는가? 참으로 부끄럽다.

부족함에도 불구하고 나는 하느님께 기도를 올렸다. 기도매듭(Κομποσχοίνι, 꼼보스히니)*을 집어 들고 하느님께서 우리 모두에게 자비를 베풀어 주시기를 간청했다. 잡념으로 인해 마음이 혼란해지지 않게 해 주는, 보다 쉬운 기도 방법이었다. 하지만 만일 내가 하느님이었다면, 그리고 영적으로 빈곤하고 형편없는 신부가 이런 기도를 하는 것을 하늘에서 내려다보았다면 나는 그런 가련한 성직자와 그를 사목자로 지닌 교회 모두를 무척 안타까워했을 것이다.

어느덧 시간이 흘러 오후 5시 20분이 되었다. 그때 다시 전화벨이 울렸다. 이번에도 미국에서 데스피나 어머니가 걸어 온 전화였다.

"신부님, 조금 전에 데스피나가 수술실에서 나왔어요. 그런데 별것이 아니라네요. 단순히 이 하나만 발치했답니다. 심각하지 않은 가시 육아종이래요. 이게 무슨 의미일까요? 혹시 신부님은 아시나요? 저는 잘 모르겠어요. 저에게 진실을 말하는 거라고 믿고 싶어요. 신부님, 가능하시

---

* 굵은 실 매듭을 엮어서 만든 것으로, 예수 기도를 드릴 때 집중하는 데 도움을 받고자 사용한다. 정교회에서 수도사들이 많이 사용하고, 일반 신자들도 널리 사용한다.

다면 뽀르피리오스 신부님과 한번 말씀 좀 나눠 주세요. 저희가 신부님을 찾을 수가 없네요. 아마도 뽀르피리오스 신부님께서는 진실이 무엇인지 아실 거 같아요."

 기쁨의 탄성이 터져 나왔지만 이내 속으로 삼켰다. 내심 의심을 지울 수가 없었기 때문이다. 전화 통화가 끝난 후 나는 불가능하다고, 그럴 리가 없다고 생각했다.

 즉시 그리스의 치과의사 친구에게 전화를 걸어 그녀에게서 들은 이야기를 전했다. 잠시 대화를 나눈 뒤 우리는 생각에 잠겼다. 하지만 의심을 거둘 수가 없었다. 그는 전문가의 입장에서 다음과 같은 결론에 이르렀다. 턱뼈 종양의 진단은 그리스와 미국 두 곳에서 일치한 만큼 의심의 여지가 없다. 이는 가시 육아종과는 확연한 차이가 있다. 아마도 병의 상태가 이미 많이 악화되어 더 이상 수술을 진행하지 않고 덮은 것으로 보인다. 고통 속에서 힘들게 견디고 있는 데스피나 어머니의 정신적 상태로 보았을 때, 사실대로 말할 경우 감당할 수가 없을 것 같아 그렇게 이야기를 전한 듯하다. 불행히도 우리가 생각했던 것보다 상황이 훨씬 안 좋아 보인다!

 치과의사 친구가 뽀르피리오스 신부님께 전화를 하기로 했다. 딸의 상태에 대해 좀 더 객관적이고 많은 정보를 알고 있는 데스피나의 아버지가 그 사이에 신부님과 통화를 했을지도 모르는 일이었기 때문이다.

 뽀르피리오스 신부님께서는 전화를 받아 다음과 같이 말씀하셨다.

 "불과 물 속을 지나가게 하셨습니다. 그러나 마침내는 숨 돌리게 건져 주셨습니다.(시편 66:12) 결국 심각한 것은 아무것도 없었다네. 이 하나만 발치했을 뿐이지. 아이와 우리 모두 이제 마음을 놓을 수 있어. 이제 하느님의 영광이 시작되었네. 다른 것은 없어."

"신부님, 어떻게 된 거죠? 데스피나 아버지와 통화를 하셨나요?"

"아니, 아무하고도 이야기를 하지 않았다네. 기도를 하던 와중에 걸려온 전화를 받는 순간, 나의 영혼이 이런 위로를 받았지. 데스피나는 잘 있네. 자네가 그들과 통화를 하게 되거든 서둘러 돌아오지 말고 그곳에 한 일주일 머물면서 미국을 좀 둘러보고 귀국하라고 전해 주게나."

데스피나의 병은 악성 종양이 아닌 낭종이었다. 아래턱뼈 전체를 제거하는 대신 이 하나만 발치했다. 죽음을 맛보는 대신 우리 모두는 경이로운 기적, 하느님께서 이루신 기적을 만끽했다. 하지만 그것은 뽀르피리오스 신부님이 아니셨다면 일어나지 않았을 수도 있는 그런 기적이었다.

데스피나는 고등학교를 졸업한 후 바로 결혼을 했다. 그녀는 여러 명의 자녀를 두었으며 넉넉한 마음씨를 지닌 것으로 유명하다. 데스피나의 삶은 생명과 믿음으로 가득 채워져 있다. 그녀의 삶 자체가 하나의 기적이다. 데스피나는 모든 것을 가졌으며, 단 하나 부족한 게 있다면 바로 발치한 이 하나이다. 어금니라서 보이지 않을 뿐이다. 만일 겉으로 보이는 것이었다면 그로 인해 데스피나의 아름다움은 더욱 돋보였을 것이다. 그것이 무엇인지가 아닌, 그것이 무엇을 투영하는지를 드러내 보였을 것이기에. 다름 아닌 '하느님의 은총은 당신께서 원하시는 곳에 임한다'는 진리를.(요한 3:8)

✜ 우리가 감당하기 어려운 커다란 기적

하느님께서 뜻하시는 곳에서는 자연도 그 뜻에 순응한다.

1985년 4월, 아직 열 살밖에 되지 않은 어린 올가의 뇌에 악성종양이 자라고 있었다. 그 크기를 줄여 보려고 아이는 5개월째 방사선 치료를 받고 있었는데, 최근 들어 견딜 수 없는 통증과 심각한 어지럼증으로 무척 고통스러워했다.

올가의 부모는 아테네에 사는 평범한 사람들이었다. 그리스의 의사들은 처음부터 치료가 어렵다는 말을 했다. 그들이 기댈 곳은 하느님밖에 없었고 그나마 미국이 작은 희망의 빛으로 남아 있었다. 보스턴에 사는 그들의 친척이 세계에서 가장 유명한 어린이 병원이 있으니 그곳으로 오라고 큰마음을 먹고 초대를 한 것이다. 올가의 부모는 필요한 것들을 챙겨서 마지막 희망이 남아 있는 보스턴으로 즉시 달려갔다.

그들의 이야기는 온갖 역경과 내면의 혼란으로 가득 차 있었다. 어떻게 하느님께서는 이런 불의를 허락하시는 것인가! 결혼한 지 7년이 되었는데도 아이가 생기지 않았다. 교육을 많이 받은 것도 아니고 그다지 열심히 신앙생활을 하는 것도 아닌, 그저 평범한 사람들이었다. 희망을 잃어갈 무렵, 하느님께서 딸을 선물해 주셨다. 하느님께 감사를 드리며, 그들의 삶은 딸을 중심으로 돌아갔다. 눈에 넣어도 아프지 않을 외동딸이었다. 그렇게 딸 아이가 열 살이 되었을 무렵, 이상한 증상이 나타나기 시작했다. 심한 두통과 무기력증이 찾아왔다. 검사 끝에 마침내 진단이 내려졌다. 듣는 순간 다리가 풀리고, 머리를 망치로 얻어맞은 듯한 충격과 함께 영혼이 산산이 조각나고, 가슴이 찢기는 듯한 결과였다.

  그들은 딸의 불행 앞에서 하던 일도 그만뒀다. 그리고 언제, 어떻게 다시 귀국길에 오를지, 과연 그럴 수나 있을지 아무런 기약이 없는 상태에서 온 가족이 함께 미국으로 향했다. 하지만 그들 마음속에는 소박하면서도 진실하고 굳건한 믿음이 자리했다. 지금까지 1년 반 동안 올가의 부모는 자신들의 삶을 완전히 뒤바꿔 놓은 설교 테이프를 벗 삼아 살며, 내면에서 솟아나는 믿음으로 충만함을 느꼈다. 그렇다면 하느님의 응답은 어떤 것이었을까? 교회에 나가지 않던 때에 올가가 찾아왔다. 그들이 올가에게 모든 집중을 기울이자 아이에게 악성종양이 찾아왔다! 하느님께서는 왜 그렇게 하신 걸까? 왜 그 누구도 전혀 원하지 않는 방식으로 당신을 드러내실까? 혹시 우리가 존재하지 않는 하느님을 믿고 있는 건 아닐까? 우리가 원하는 하느님이 아니라 우리가 발견해야만 하는 진리의 하느님에 대해서는 무지한 것이 아닐까?

  올가는 보스턴에 있는 어린이 병원의 신경종양 분야 최고 권위자인

존 쉴리토 박사 팀과 똘똘 뭉쳤다. 마치 단 한 명의 환자만 있는 것처럼 팀 전원이 온 애정을 쏟으며 올가를 보살폈다. 모든 일이 순조롭게 진행되던 어느 날, 갑자기 올가가 혼수상태에 빠졌다. 일련의 검사가 시행되었다. 그리고 종양이 뇌의 다른 부분들로 전이되었다는 결과가 나왔다. 마지막 희망이 연기처럼 사라지는 순간이었다. 올가의 부모에게 이 사실을 알려야만 했다. 아이의 임종을 보스턴에서 맞은 후 주검을 그리스로 옮길 것인지, 아니면 현재 상태로 아이를 데리고 그리스로 돌아갈 것인지를 부모가 결정해야만 했기 때문이다. 후자의 경우 국제항공운송 규정에 따라 비행하는 동안 환자가 사망할 위험이 없다는 의사의 소견서도 필요했다.

이 모든 일은 1985년 4월 28일 향료 가진 여인 주일에 일어났다. 올가의 부모는 아직 아무것도 몰랐다. 단지 최악의 상황을 예상하며 불안해할 뿐이었다. 오후 6시, 쉴리토 박사는 상황을 정리하기 위해 올가의 부모에게 상세한 내용을 알리고자 했다. 병원에서 자원봉사를 하는 그리스인들 중 통역을 하겠다고 나서는 사람은 아무도 없었다. 모두가 그 상황을 피하려 했다. 더 이상 아이에게 희망이 없다고, 딸이 곧 죽음을 맞이할 것이라고 부모에게 전한다는 것은 참으로 어렵고 힘든 일이 아닐 수가 없었다!

결국, 운명의 추가 나를 가리켰다. 나는 이 모든 상황에 대해 이야기를 전해 들었을 뿐, 아이는 물론 그의 부모도 알지 못한 상태였다. 그럼에도 달리 할 수 있는 일이 없었다. 너무도 버거운 무게의 감당하기 힘든 일이었으나, 나는 그들과 함께 그 짐을 나눠 지기로 마음 먹고 제안을 받아들였다.

　엘리베이터를 타고 소아암 어린이들이 입원 치료를 받는 8층으로 올라갔다. 무기력과 불안이 엄습하고 숨이 막히는 듯한 느낌이 들었다. 복도를 지나 어쩔 줄 몰라 하며 병실로 들어섰다. 세 아이가 유아용 침대에서 관을 삽입한 채 화학요법 치료를 받고 있었고, 머리카락이 다 빠진 몇몇 아이들은 TV로 만화를 시청하며 웃고 있었다. 그들 옆에는 열서너 살 정도 되어 보이는 한 소녀가 깊은 생각에 잠긴 채 알지 못하는 세상에서 길을 잃은 듯 소파에 앉아 있었다. 고통으로 가득 찬 아이의 두 눈, 그 깊은 시선과 나의 눈이 마주쳤다. 왜 이 아이들은 이런 괴로움을 겪어야 할까? 왜 미래의 꿈에 젖어 한창 행복해야 할 나이에 병원의 비통함, 불안한 슬픔을 맛보아야 할까? 나의 하느님, 도대체 왜 그래야 하는지요? 불과 몇 분 전, 병원 입구에 도착하기 전 나는 한 공원에서 어린아이들이 아무 근심 걱정 없이 함께 어울려 노는 것을 보았다. 그리고 그들의 부모는 아이들을 지켜보며 유쾌한 웃음을 터트렸다. 이 얼마나 무지막지하고, 불공평하고, 설명할 수 없는 차이란 말인가!

　두 남자와 한 여자가 그리스어로 대화하는 소리가 들려 왔다. 의심의 여지 없이 셋 중 둘은 올가의 부모였고, 다른 한 명은 올가의 삼촌이었다. 다가가 인사를 나누고 내 신분을 밝히자 그들은 감사를 인사를 전해 왔다. 우리가 몇 마디 대화를 채 나누기도 전에 쉴리토 박사의 진료실에서 부르는 소리가 들렸다. 그곳에 들어서자 세 명의 어린 소녀들의 모습이 담긴 3단 액자가 내 시선을 붙잡았다. 박사의 자녀들이었다. 그는 아이들을 자랑스럽게 여기는 것이 분명했다. 그것은 자연스럽고 또

복된 일이었다. 그런데 바로 옆 병실에서는 올가가 병색이 짙은 얼굴로 사투를 벌이고 있었다. 올가의 부모는 억장이 무너져 내렸다.

의사는 간단하게 몇 마디 소개를 한 후에 본론으로 들어갔다.

"아시는 바와 같이 올가는 수술을 할 수 없는 세 번째 뇌실에 종양이 있습니다. 우리는 종양의 크기를 최대한 줄여보고자 방사선 치료를 시행했지요. 예후가 좋아 적지 않은 희망을 가지고 있었습니다. 하지만 불행하게도 ― 이때 올가의 부모가 긴장하는 것이 보였다. ― 그저께 심각한 혼수상태에 빠졌고 검사 결과 회복이 불가능하다는 결론이 나왔습니다."

올가의 아버지가 의사의 말을 듣고 흐느꼈다. 하지만 올가의 어머니는 참아 내고 있었다.

"의사 선생님, 좀 더 자세히 말씀해 주세요."

"제 생각에 올가가 병마를 이겨 내기 힘들 것 같습니다. 아이의 생명이 경각에 달려 있어요."

"선생님, 경각이라니요? 무슨 의미인가요?"

내가 용기를 내어 되물었다.

"몇 시간 뒤, 아마도 밤사이에 숨을 거둘 수도 있다는 의미입니다. 확률적으로는 오늘밤을 넘기기 힘들지 않을까 생각합니다. 이론적으로 본다면 아마 내일까지라고 말씀드릴 수 있을 것 같습니다."

"선생님, 그럼 이제 기댈 곳은 기적밖에 없다는 말씀이신가요?"

올가의 어머니가 물었다.

"네, 그렇습니다. 기적밖에 없을 것 같습니다."

의사가 같은 말을 반복했다.

올가의 아버지는 숨죽인 채 계속 흐느껴 울었고, 어머니가 계속해서 말을 이었다.

"의사 선생님, 우리 올가를 위해 지금까지 최선을 다해 주신 선생님께 진심으로 감사드립니다. 인간으로서는 이 전투에서 패하는 중인지도 모르지만, 저희는 기적을 준비하려 합니다. 선생님의 예후에도 불구하고 우리 딸이 회복할 수도 있고, 아니면 하느님 옥좌의 작은 천사가 될 수도 있겠죠. 그런데 선생님, 이것이 작은 기적이 아닐까요? 선생님은 올가가 얼마나 착한 아이인지 아시나요? 물론 저희는 온 힘을 다해 첫 번째 경우를 위해서만 기도를 드린답니다. 믿음이 부족하기 때문이지요. 그렇지만 하느님께서 두 번째 경우를 허락하신다 해도 저흰 선물처럼 여길 겁니다. 그리고 기꺼이 받아들일 거예요. 이제 전적으로 하느님만을 바라볼 겁니다. 저희의 불찰은 지금보다 더 일찍 그렇게 했어야만 했다는 거예요. 선생님도 아시는 것처럼 저희는 먼저 의사들을 믿었고 후순위로 하느님을 믿었어요."

"네, 그렇습니다. 이제 여러분의 믿음이 여러분을 도울 것입니다."
의사가 말했다.

"아니요, 선생님. 믿음은 도움을 주지 않는답니다. 그것은 인간적인, 우리의 것이지요. 오직 하느님 당신만이 도움을 주실 수 있답니다."

이 모든 것에 있어 나는 단지 통역을 하는 입장이었지만, 동시에 놀라움에 말을 잃은 청중이기도 했다. 도대체 이 여인은 어떤 힘, 어떤 믿음을 가지고 있는 것일까! 내가 그녀의 말에 놀라움을 금치 못한 이유는 그것이 심리학적이거나 설교적이지 않았기 때문이다. 차분한 품위, 우아한 자제력, 진실됨이 담긴 말이었다. 오랫동안 희망을 표현해 오던 그녀의 눈에서는 단 한 방울의 눈물도 흘러나오지 않았다.

진료실에서 나와 나는 올가의 부모와 함께 자리에 앉았다. 서로에 대해 좀 더 알아 갔으면 싶었다. 사람들은 이렇게 힘든 시기에 즉각적이고 강력한 유대감을 형성한다. 그런데 여기 내 눈앞에는 비범한 내면의 힘을 지닌 한 여성이 있었다. 이 여인이 하는 말에는 가슴에서 우러나오는 언어의 힘과 강한 확신이 있었다.

그들은 진심을 담아 나에게 감사를 전했다. 그 뒤, 우리가 헤어지고 나서 해야 할 일이 있던 나는 병원을 잠시 떠났다가 밤 10시 이후에 다시 들를 계획이었다. 그때까지 올가가 버텨 주기를 바랐다. 나는 수시로 병원 사무실에 전화를 걸어 올가의 상태를 살폈다.

밤 10시 30분, 올가는 아직 잘 견디고 있었고 올가의 부모, 코스타스 씨와 마리아 씨는 차분하게 마음의 준비를 하는 중이었다. 그러면서 동시에 작은 기적을 소망하며 포기하지 않고 기도에 매달렸다. 올가에게 생명을 주신 하느님, 그것은 큰 기적이었다. 그러니 하느님께서 그 아이의 생명을 붙들어 주실 수는 없는 것일까? 문제는 그들의 죄라고, 사람들은 쉽게 말한다!

밤 11시, 보호자들을 위한 접이식 침대와 베개, 시트가 엘리베이터를 이용해 전달되었다. 이 병원은 시스템이 잘 구축되어 있었다. 병원의 사회 복지 서비스는 모든 부분에 세심한 주의를 기울였다. 병원 정책에 따라 부모는 원할 경우 자녀들과 함께 밤을 보낼 수 있었다. 그런데 올가의 부모는 잠을 잘 자지 못했다. 그들은 대화를 하면서 밤을 지새우는 편을 더 선호했다. 게다가 의사는 올가가 오늘밤을 넘기기 힘들 것이라고 전한 터였다. 부모의 믿음은 형언할 수가 없었다. 기적이 마치 당연하고 자연스런 사건인 것처럼 그것에 대해 대화를 나눴다. 우리가 흔히 일상에 대한 대화를 나누듯이 그들은 영원에 대해 대화를 나눴다. 하느님의 뜻이라면 그것이 무엇이건 가장 큰 축복이 될 것임이 틀림없다. 단지, 첫 번째 경우라면 무한한 기쁨처럼 하느님의 뜻을 살겠지만, 두 번째 경우라면 삶을 통한 진리와의 전쟁처럼 그 뜻을 살게 된다. 두 번째, 어려운 것이 그들에게는 더 현실적으로 다가왔다. 그럼에도 그들은 첫 번째 경우를 더 바랐다.

자정 넘어 새벽 1시 30분까지 나는 올가의 부모와 함께 머물렀다. 그렇지만 그들의 마음을 채워 줄 수는 없었다. 지금껏 살아오며 믿음이 깊은 사람들을 많이 만나 보았지만, 사랑하는 이의 죽음 이후에 정신적인 위로의 필요에서 비롯하는 그런 믿음이 아니라, 무엇과도 바꿀 수 없는 귀한 딸의 죽음을 목전에 두고서 이런 믿음을 보인 사람을 나는 솔직히 본 적이 없었다. 올가는 미동도 하지 않고 이 세상과의 소통 없이 깊은 혼수상태에 빠져 있다. 어쩌면 우리가 알지 못하는 그녀만의 다른 세상과 소통을 하고 있는지도 모른다. 이따금 움직임 없는 가녀린 올가의 몸을 힐끔거릴 때면 고통스러운 의문과 함께 이성적으로는 말이 되지 않는 희망이 서로 교차했다.

올가는 결국 밤을 넘겼다. 의사의 시간적인 판단은 실패했다. 누가 알겠는가? 의사의 의학적 판단도 틀릴 수가 있는 것이다. 때로는 과학이 오류로 판명 나는 것도 정말 아름다운 일이지 않은가!

아침에 나는 몇 명의 여성 신도들과 통화를 하며 내가 받은 놀라운 인상에 대해 대화를 나눴다. 그러면서 병원을 한번 방문해 보라고 권했다. 올가의 가족들에게도 위로가 될 뿐만 아니라 그들 스스로에게도 보탬이 되는 일이었기 때문이다.

올가는 월요일도 견뎌 냈다. 그날 저녁 일을 마치고 나는 다시 병원에 들렀다. 올가의 부모는 아이를 그리스로 데려가기로 결심한 터였다. 그곳에서 아이의 죽음을 맞기로 한 것이다. 필요한 모든 절차는 월요일에 다 마무리가 되었다. 올가가 살아 있다는 전제하에 1985년 5월 1일 수요일 뉴욕발 그리스행 올림픽 항공으로 아이를 이송하기로 마침내 결정이 났다. 나는 그날도 이들의 놀라운 은혜를 만끽하고, 또 올가의 떠남을 기다리면서 늦게까지 병원에 머물렀다. 그것이 비행기를 타고 그리스로 돌아가는 것이든, 아니면 천사들과 함께 영원한 고향으로 돌아가는 것이든 말이다. 매우 진실되고 강렬한 순간들이었다. 측량할 수 없이 깊은 믿음을 체험할 수 있는 세계와도 같았다.

4월 30일 화요일 아침, 전화가 울렸다. 이전에 이야기를 나눴던 세 명의 여신도들 중 한 명이 그녀의 영적 아버지인 뽀르피리오스 신부님과 조금 전 통화를 했다고 나에게 전화를 한 것이다. 뽀르피리오스 신부님은 예지력을 지니신 분으로 유명했다. 전 세계적으로 널리 알려지셨고, 성인처럼 추앙되셨으며, 인간이 미처 보지 못하는 것을 보시는 분이었다.* 그녀는 뽀르피리오스 신부님이 당신도 기도를 하실 것이라고, 우

---

* 뽀르피리오스 신부님은 정교회 세계 총대주교청의 공의회 결정으로, 2013년에 성인으로 공식 시성되었다.

리도 다 함께 기도를 하자고, 그리고 하느님께서 계시니 너무 걱정하지 말라고 말씀하셨노라고 내게 전해 주었다. 달리 말해 그녀가 내린 결론은 어떤 희망이 있다는 것이었다. 나는 그녀에게 말했다.

"미안하지만, 단정하지 마시고 아무 말씀도 하지 않으셨으면 좋겠습니다. 올가의 상태를 잘 알고 계시지 않습니까? 저는 CT스캔 결과를 직접 보았답니다. 제 생각에는 올가의 시간이 끝나가고 있는 듯해요. 아직까지 살아 있다는 것이 믿기지 않을 정도지요. 두 눈으로 보시지 않았습니까? 희망을 가졌다가 아무것도 이루지 못하는 것보다, 최대한 말을 줄이고 많은 것을 이루는 편이 더 좋지 싶어요."

올가는 화요일도 견뎌 냈다. 밤 10시경, 나는 평소와 다름없이 내 '믿음의 학원'과도 같은 병원에 도착했다. 병실에 들어서자 미국의 병원에서는 좀처럼 볼 수 없는 특이한 광경이 눈앞에 펼쳐졌다. 병실 침대에 누운 올가는 익히 그녀만의 복된 무의식 상태에 빠져 있었다. 올가의 아버지는 거기서 약간 거리를 두고 떨어져 있었고, 올가의 어머니는 그리스계 미국인 바실리아 씨와 함께 나란히 서 있었다. 바실리아 씨는 헌신적인 자원봉사자로서 그곳의 모든 아이들에게 진정한 어머니와도 같은 분이었다. 둘은 내가 알지 못하는 어떤 기원 의식을 드리고 있었다. 향을 피우고, 성모님의 이콘을 아이 몸 위에 올려놓고, 가까운 테이블 위에 작은 등잔불을 밝힌 채 기도를 드렸다. 나는 정확히 몸의 반은 병실에, 나머지 반은 병실 밖에 둔 채 문가에 서 있었다. 그때 간호사 데비 씨가 다가와 물었다.

"혹시 지금 뭐 하시는 건가요? 연기와 향이 나던데요? 혹시 유사 종교 같은 건가요?"

"동방 정교회입니다."

내가 강조하듯이 대답했다. 혹시 동방의 문화를 이해하고 있을 수도 있었기 때문이다.

간호사는 밖으로 나가고 우리만 병실에 남았다. 나도 나름 많은 기도를 알고 있는 사람이었지만 그들이 드리는 기도 내용은 낯설었다.

약 15분 뒤, 기도가 끝이 났다. 그들은 티노스 섬의 성모님 이콘 등잔과, 당시 내겐 생소했던 까날라의 성모님 이콘 등잔에서 가지고 온 성유(聖油)를 조금 가지고 있었다. 두 사람은 올가의 이마, 가슴, 오른쪽 손과 왼쪽 손에 십자성호를 그었다. 아이는 미동도 없었다. 그런데 왼쪽 다리에 십자성호를 긋는 순간 올가가 다리를 구부렸다가 폈다. 그리고 같은 동작을 규칙적으로 반복했다. 다른 것은 없었다. 두 여인이 기도하듯 외쳤다.

"성모님, 당신의 기적을 보여 주소서."

그들은 십자성호를 그으며 올가의 이마에 입을 맞췄다. 하지만 다리를 움직여 보인 것을 제외하면 올가는 자신의 세계 속에 깊이 빠져 있었다.

아이의 상태는 계속 잠잠했다. 잠시 후 올가의 어머니가 다가가 물었다.

"올가야, 내 말 들리니?"

올가가 살짝 고개를 끄덕였다.

"딸아, 눈 좀 떠보렴."

올가는 눈을 떠보려고 애썼지만 허사였다.

"바실리아 아주머니께 입맞춤을 해 주겠니?"

올가의 입술이 리듬감 있게 떨렸다.

나는 이성적으로 생각했다. 우리가 보고 있는 것은 마지막 섬광임이 틀림없었다. 간호사 데비 씨에게 오후 11시 교대하는 간호사에게 넘겨줄 서류가 전부 준비되었는지 확인했다. 왜냐하면 이 모든 것이 올가가 얼마 안 있어 영면할 조짐처럼 보였기 때문이다.

시간이 흘러갔다. 올가는 이전과 같은 상태로 되돌아갔다. 철저한 침묵과 부동(不動)의 상태, 소통과 반사의 절대적 부재. 아무도 감히 나서서 아이를 깨우려 하지 않았다. 자정이 지났다. 마리아 씨는 견딜 수가 없었다. 그녀는 고개를 숙여 딸의 이마에 입을 맞췄다. 올가에게서 다소 반응이 있는 것처럼 보였다. 아마도 우리가 헛것을 본 게 아닐까. 하지만 마리아 씨와 바실리아 씨는 뭔가가 달라졌음을 확신했다. 감격에 젖은 코스타스 씨는 의아한 마음으로 아이의 상태를 지켜보고 있었다. 다시 한번 나는 이성적으로 생각했다. 올가의 생명이 조금 연장되는 것 그 이상도 이하도 아니라고 여겼다. 올가는 본질적으로 이미 세상을 떠난 것과 다름없었다. 나는 일말의 희망도 품지 않았다. 바실리아 씨는 나에게 믿음이 부족하다고 말했다. 누가 알겠는가? 그 말이 옳을 수도 있다….

의사는 올가가 주일 밤을 넘기지 못할 것이라고 했었다. 그리고 수요일이 찾아왔다. 그리스로 떠나기로 예정된 날. 올가는 희미하나마 생의 징후와 의사소통 능력을 다시 보이고 있었다. 우리 중 일부는 생명에 대한 희망 속에서 믿음을 갖게 되었고, 나머지는 죽음을 예상하는 합리주의자로 남았다. 냉담한 후자에 속했던 나는 그리스로 떠나는 올가의 가족과 작별 인사를 나눴다…. 올가는 특수 앰뷸런스를 이용해 뉴욕의 공항으로 이송되었다. 아이의 상태는 위에서 언급한 그대로였다. 이렇게 침대 위에 뉘인 채로 간호사와 동행하여 그리스로 옮겨지게 될 것이다. 그리고 마침내 그곳에서 죽음을 맞게 될 것이다.

금요일, 나는 올가의 소식을 듣기 위해 전해 받은 번호로 전화를 걸었다. 올가가 서서히 회복되고 있지만 여전히 무기력한 상태에 있으며, 이전보다는 의사소통이 조금 더 이루어지고 있다는 이야기를 들을 수 있었다. 또 토요일에 검사가 예정되어 있다는 말도 잊지 않고 전해 주었다. 우리는 의사가 죽음이 임박했다고 최종 판단을 내린 지 열흘 뒤인 화요일에 다시 통화를 하기로 하고 전화를 끊었다. 그리고 약속한 화요일, 수차례 통화를 시도했지만 연결이 되지 않았고 어떠한 연락도 받지 못했다…. 우리는 올가가 결국 숨을 거두었고 아이의 부모는 고향에서 장례를 치른 후 휴식을 취하는 중일 거라고 짐작했다. 그리고 2주 후, 한 신부님께 부탁을 드려서 추도식을 열고 올가의 영혼이 안식하기를 빌며 온 마음을 다해 기도했다.

5월과 6월이 지나고 7월에 들어섰다. 새로운 소식은 전혀 들려오지 않았다. 그리스에서 또 다른 아이들이 병원을 찾았다. 기쁨과 아픔이 공존하는 비슷한 스트레스 상황이 매일 반복되었다.

7월 8일 월요일, 나는 런던을 경유해 아테네에 도착했다. 몇 군데 통화를 해야지 싶어 올가의 부모에게 전화를 걸었다. 고향에서 돌아왔으리라 생각했기 때문이다.

"여보세요, 누구세요?"

어린아이의 목소리가 수화기 너머로 들려왔다.

"너는 누구니?"

나는 깜짝 놀라 물었다.

"저는 올가예요."

아이가 대답했다.

"올가? 올가 누구?"

순간 당황한 나는 아이에게 재차 물었다.

아이는 자신의 이름과 성을 알려주고는 제법 재치 있게 내가 누군지 알아맞혔다. 이어서 성모님께서 기적적으로 자신의 병을 낫게 해주셨다고 말하면서, 나더러 집으로 와서 지리나 산수 퀴즈를 내 줄 수 있느냐고 물었다. 서둘러 추모하기 바빴던 바로 그 아이로부터 내가 초대를 받은 것이다….

나는 올가에게 어머니를 바꿔 달라고 부탁했다.

"우리의 하느님만큼 놀라우신 하느님이 어디에 계실까요?"

마리아 씨가 온 마음을 다해 말했다.

전화를 끊자마자 곧바로 올가의 집으로 향했다. 귀엽고 사랑스러운 꼬마 소녀가 내게 문을 열어 주었다. 머리카락도 벌써 다시 자라나고 있었다. 올가는 좀 과할 만큼 들떠 있었지만 표현력도 좋고 발랄했다. 요청받은 대로 내가 퀴즈를 내면 올가는 마치 놀이를 하듯 그 질문에 귀엽게 대답했다. 합리주의적인 생각에 나 스스로 배반당했다는 느낌이 들었고, 눈앞의 광경을 보고도 믿을 수가 없었다. 이전에는 보지 않은 것을 믿어 왔는데 말이다. 올가의 이야기는 나의 부족한 믿음에 가장 강력한 경종을 울린 사건으로 지금까지 남아 있다.

25년이라는 세월이 흘러 어느덧 올가는 대학을 졸업했다. 여전히 부모에게 기쁨과 지혜를 주는 딸이며 지금은 여동생도 있다. 반듯한 숙녀로 성장한 올가는, 세상에서 가장 뛰어나다는 의사들도 오류를 범할 수 있고, 인간의 감이나 통계의 논리, 그 경험적 증거가 틀릴 수 있다는 것을 보여 주었다. 그리고 "하느님께서 뜻하시는 곳에서는 자연도 그 뜻에 순응한다는 것"과 오늘날에도 진정 "주님께서 만물의 주관자로서 살아계심을" 확인시켜 주었다.

# 가치 없는 삶이 존재할까?

"하느님께서는 이 세상의 어리석은 사람들을 택하셨으며" (1 고린토 1:27)

헨드린 박사의 명성은 익히 들어 알고 있었다. 그는 비뇨기과 전문의로서, 선천적으로 비뇨기 쪽 장애를 가지고 태어난 어린아이들의 재건 수술에 탁월한 실력을 가진 아주 저명한 인물이다. 인상적인 방법과 천부적인 의술로 그는 선천성 요도밑열림증, 요도위열림증, 방광뒷벽돌출증 같은 질병을 치료한다.

헨드린 박사를 만나기란 하늘의 별 따기만큼 어렵다. 엄청난 거리감이 느껴진다. 하지만 사람들은 이구동성으로 그가 기적을 행한다고 말한다. 박사의 기력 역시 타의 추종을 불허한다. 그는 지난 화요일, 세상에서 오직 그만이 집도할 수 있는 수술을 하기 위해 프랑크푸르트에 갔다가 금요일 보스턴으로 돌아왔다. 그리고 주일인 오늘 낮에 홍콩으로 다시 떠났다가 수요일에 돌아올 예정이다.

목요일, 박사와의 약속이 잡혔다. 여러 번의 만남 끝에 그가 크레타에서 온 흐리소발란디스라는 이름의 아기를 맡아서 검사하기로 한 것이다. 한 살 반밖에 되지 않은 아이는 불행하게도 요로에 해부 조직적 질환을 가지고 태어났다. 평범했던 아이의 부모는 어찌할 바를 몰랐다. 그들은 이라클리오에 있는 병원으로 아이를 데려갔으나 거기서는 다시 아테네로 가보라고 했다. 모든 징후는 절망적이었다. 의사들이 분명한 대답을 내놓지 못할 때, 하느님에 대해 말하기 시작할 때, 넌지시 인내를 이야기할 때는 상황이 절망적이라는 것을 누구라도 알아차린다. 흐리소발란디스의 두 돌이 다가오고 있었다. 하지만 그 어떤 곳에서도 희망의 빛을 찾을 수 없었다.

그러던 어느 날, 흐리소발란디스의 어머니 안드로니키 씨가 슈퍼마켓에서 장을 보고 있을 때였다. 그녀가 선반 위에 있는 물건을 살피던 중에 뒤쪽에서 두 여자가 대화하는 소리가 들려 왔다.

"정말 놀랍지 않아? 우리 사촌에게 딸이 있는데 방광이 없이 태어난 거야. 그래서 관을 삽입했고, 요로감염증을 달고 살았지. 부모들은 말로 표현할 수 없을 만큼 마음 고생이 심했어. 어린 딸도 고통 속에 나날을 보냈고. 마침내 어떻게 방법을 찾아서 보스턴으로 가게 되었는데 그곳에 기적을 행하는 의사가 있었던 거지. 그 의사는 대장으로 방광과 자궁을 만들 수 있는 분이래. 결국 그 의사를 찾아내서 그분이 진료를 보겠다고 수락을 한 거야. 수술은 16시간이나 걸렸대. 지금 일주일 정도 지났는데 경과가 좋다고 해. 그리고 딸이 크면 아이도 낳을 수 있을 거라고 의사가 말했대나 봐."

안드로니키 씨는 물건을 고르다 말고 그 여자들에게 다가가서는 자신이 겪고 있는 문제를 털어놓았다. 그렇게 그녀는 헨드린 박사의 연락처를 알게 되었고 2주 후에 흐리소발란디스와 함께 미국에 도착했다.

검사가 연달아 진행되었다. 박사는 아직 아무 말도 없었다. 단지 아이의 상태에 대해서 질문하고, 검사하고, 또 생각에 잠겼다. 절망도 아니지만 희망도 아니었다. 박사는 자신이 무엇을 어떻게 할 수 있을지 깊이 생각할 시간이 필요하다고 했다. 왜냐하면 아이들마다 상태가 다 달랐기 때문이다. 사람들의 전언에 의하면 그는 자신이 감당할 수 있겠다는 판단이 설 경우에만 책임지고 수술을 맡는다고 했다. 그렇게 해서 이번 목요일 의사와의 면담이 잡힌 것이었다. 병원에서는 나에게 아이의 어머니와 동행하여 통역을 해 달라고 부탁했다.

나는 어머니를 먼저 만나 보기로 했다. 호감이 가는 평범한 여인, 그러나 얼굴에는 그간의 고통의 흔적이 고스란히 남아 있었고 불안과 초조함이 드리워져 있었다. 남편은 새로 태어난 아기를 돌보느라 그리스에 남아야 했다. 그녀는 자식에 대한 사랑과 희망 하나만으로 말도 통하지 않고 돈도, 지인도, 확신도 없는 상태에서 아들을 데리고 홀로 미국으로 건너왔다.

내가 아이의 이름을 묻자 그녀는 흐리소발란디스라고 대답했다. 부모가 하느님께 서원을 해서 얻은 아이라는 생각이 스쳤다. 이 얼마나 아름다운 축복인가! 우리는 혼자가 아니다. 어딘가에서 하느님께서 우리를 지켜보고 계시기 때문이다. 하느님께서는 우리를 방치하지 않으신다. 안드로니키 씨는 의사와 병원에 대해 이야기하며, 동시에 종종 성모님과 이리니 성녀를 언급했다. 분명 전형적인 평신도의 믿음이었지만 질적인 면에서 남달랐다. 그것은 우리처럼 믿음이 부족한 사람에게 꼭 필요한 것이었다.

목요일이 찾아왔다. 우리는 엘리베이터를 타고 병원 5층으로 올라갔다. 그곳에 저명한 헨드린 박사의 진료실이 있었다. 그는 과연 어떤 결정을 내렸을까? 수술을 맡겠다고 말할까? 아니면 할 수 없다고 말할까? 초조해하던 안드로니키 씨가 십자성호를 그었다. 아마도 자신도 모르게 나온 행동이었을 것이다.

진료실에 도착하자 비서가 우리를 기다리고 있었다. 비서는 겉으로는 미소를 띤 듯했지만 무표정한 얼굴이었다. 우리는 10분 정도 박사를 기다렸는데 아이의 어머니는 불안해서 어찌할 바를 몰랐다. 오직 하나, 의사가 수술을 맡겠다는 대답만을 애타게 기다리고 있을 뿐이었다. 잠시 후 박사가 모습을 드러냈다. 과시적이고, 당당하고, 진지하고, 표정을 읽기 어려운 사람이었다. 그는 아이의 전반적인 상태에 대해 설명하면서 자신의 견해를 세세하게 덧붙였다. 장황하게 자신의 생각을 말하면서도 전혀 서두르지 않았다. 그리고 마침내 그는 우리에게 수술 날짜를 잡아 주며 최선을 다해 보겠다고 말을 했다. 안드로니키 씨는 날아갈 듯이 기뻐하며 박사에게 물었다.

"그렇다면 의사 선생님, 어떻게 하실 건가요?"

의사가 차갑게 대답했다.

"하느님을 믿으시나요?"

"네, 믿어요."

"내가 바로 하느님입니다."

의사는 잠시 말을 멈췄다가 다시 이어갔다.

"다시 말씀드리자면, 하느님을 믿는 사람은 그분이 무엇을 할지, 어떻게 할지 묻지 않고 그분께 맡기는 겁니다. 제가 무엇을 할지는 저도 잘 모릅니다. 수술실에 들어가면 그때 결정을 내리게 되겠죠. 아무튼 흐리소발란디스는 괜찮아질 겁니다."

그는 최고의 명장(名匠)이다. 수술은 22시간 가까이 이어졌다. 수술실에 들어왔던 간호사와 의료진들이 세 번이나 교대를 했다. 하지만 박사는 꼬박 밤을 지새웠다. 잠시 휴식을 취했다가 다시 수술에 임했다. 환자를 관찰하고, 고민하고, 방법을 고안해 내고, 계획을 세우고, 결단을 내리고 이어서 진행했다. 결과를 아는 사람은 아무도 없었다. 의사 자신도 알지 못했다. 아침 11시에 시작된 수술은 다음 날 아침 8시 30분이 되어서야 끝이 났다. 박사는 모든 문제를 해결했다. 그렇지만 어린 흐리소발란디스에겐 8개월간의 고통스러운 치료 과정을 시작으로, 앞으로 세 번의 작은 수술이 더 남아 있었다.

어린아이가 감당하기에는 너무도 가혹한 고통이었다. 부모의 육체적, 정신적 스트레스도 이루 말할 수가 없었다. 아이의 미래에 대한 질문은 계속해서 쌓여 갔고 시원한 답은 요원했다. 그리고 마침내 수술이 성공적이었다는 결과가 확인되었다. 아이는 목숨은 건졌다. 그럼에도 그가 앞으로 어떻게 살아갈지에 대해서 알거나 확인해 줄 수 있는 사람은 아무도 없었다. 그냥 목숨만 붙어 있는 삶이라면 살지 않는 편이 더 낫지 않을까…? 그때 삶이 과연 무슨 가치가 있을까…?

하지만 그 이면을 한번 돌아보자. 생명을 살리는 과학의 노력이 인간의 교만에 기초한 것이 아니라 사랑에 의한 것이라면, 그때 과학의 성과에 대해 의문을 제기할 수 있는 사람이 과연 누가 있을까? 장애의 정도에 따라 인간의 가치가 저하된다고 어느 누가 주장할 수 있을까? 인간의 고귀함이 오히려 그가 가진 정신적 장애를 통해 드러나는 경우는 또 얼마나 많은가?

흐리소발란디스는 장성해 근사한 청년이 되었다. 얼마 전 멋진 여인과 결혼도 하고, 얼마 안 있으면 아버지가 될 예정이다. 그의 출생은 하느님의 기적이었다. 하느님께서는 생명만을 베푸시기 때문이다. 그가 살아남은 것은 과학의 기적이었다. 하지만 불행히도 이런 과학이 생명을 꺼트리는 일에 쓰이는 경우도 있다. 만약 흐리소발란디스가 20년 전에 태어났더라면, 그는 목숨을 부지할 수 없었을지 모른다. 태속에서 그의 장애가 발견되었더라면 그는 아마도 세상으로 나오지 못했을 것이다. 어린아이를 살려 내기 위한 투쟁으로 발현된 그 모든 사랑이 비인간적인 요구에 의해 잔인하게 죽어 없어지고 말았을 것이다. 우리가 원하는 바에 따라, 우리가 판단하는 가치 기준에 따라서 말이다. 흐리소발란디스는 수술은 피할 수 있었을지 모르지만 생명을 잃었을 것이고, 그의 부모는 고통은 피할 수 있었을지 모르지만 사랑을 잃었을 것이다.

안드룰라의 안드레아스

1987년 가을, 나는 미국에 머물고 있었다. 당시 근무지 근처에 있는 화상 및 피부 질환 전문 병원에 키프로스에서 온 한 어린아이가 입원해 있다는 소식을 우연히 접하게 되었다. 어린 안드레아스는 사마귀 점을 가지고 태어났는데 온몸의 3분의 2 정도가 점으로 뒤덮여 있었다. 등 전체, 가슴의 반, 복부, 한쪽 팔꿈치부터 위팔, 다리 대부분 그리고 얼굴이 사마귀로 가득했다. 유일한 치료 방법은 건강한 조직을 단계별로 그리고 체계적으로 이식하는 것이었다. 의료 팀은 건강한 피부를 떼어 실험실에서 배양했다. 이어서 이식에 필요한 조치를 취한 후, 아이의 여린 환부에 옮겨 붙였다. 안드레아스는 돌이 채 되기도 전에 무려 열세 번의 피부 이식 수술과 같은 횟수의 마취를 견뎌야만 했다. 그 조그만 아이가 얼마나 고통스러웠을지 짐작도 되지 않는다. 아이의 참을성과 인내는 견줄 데가 없을 정도였다. 그뿐만 아니라 부모의 고뇌와 정신적 고통도 이루 헤아릴 수가 없었다.

안드레아스의 부모는 느지막이 아이를 얻었다. 임신이 되었다는 것을 알았을 때 얼마나 기뻤을까! 임신 기간 내내 주의를 기울이며 기대에 부풀었을 것이다. 행동이나 말, 생각도 신경을 썼을 것이다. 그렇게 출산의 시간이 다가왔다. 아이의 머리가 먼저 나왔다. 그리고 뒤따라 몸이 나왔는데… 반점으로 얼룩덜룩 뒤덮인 까맣고 거친 피부였다. 누구라도 그 순간에는 하늘이 무너지는 심정이었을 것이다. 기쁨을 만끽할 준비를 했는데 오히려 앞으로 겪어야 할 상상조차 되지 않는 비극의 전조를 확인해야 했다. 딜레마, 장애, 결정의 번복은 우리 모두를 압도한다.

그들은 안드레아스를 데리고 보스턴으로 왔다. 낯선 장소, 낯선 이방인들 사이에서 그들 또한 이방인이었다. 노력이 어떤 결실을 맺을지, 이곳에 얼마나 머무를지도 알지 못한 채 아이와 가족의 미래는 불투명하기만 했다. 신학자 그레고리오스 성인은 어딘가에서 이렇게 말씀하셨다. "좋은 것은 없고, 나쁜 것만 있다. 배는 깊은 밤에 항해 중인데 그 어디에도 빛이 보이지 않는다. 그리스도께서는 주무시고 계신다."(서신 80 : 웅변가 에브독시오스에게) 내가 아이의 부모를 처음 만났을 때 그들의 상태가 바로 이와 같았다.

이 아이는 왜 태어난 것일까? 왜 그렇게 큰 고통과 고초를 겪는 것일까? 왜 아파야 하는 것이며, 왜 부모에게도 감당할 수 없는 상처를 주는 것일까? 왜, 부모는 아이에 대한 비전을 그리고 꿈을 꾸는 대신 미래를 상상하는 것만으로도 겁에 질려야만 하는 걸까? 만약 그들이 임신 기간 중에 태어날 아이의 상태를 알았다면 어떻게 했을까? 낙태를 택하지 않았을까? 그럴 공산이 커 보인다. 세속의 윤리 역시 어쩌면 그편을 지지할 것이다.

우리는 이런 류의 대화를 하며 약 8개월의 시간을 함께 보냈다. 위에서 언급한 질문들에 대해서 나는 결코 직설적으로 답을 한 적이 없었다. 내 마음속으로조차 나는 냉정하게 답을 할 수가 없었다. 단지 내가 할 수 있는 범위 안에서 사랑, 위로 그리고 공감을 그들과 함께 나눌 뿐이었다. 그들도 놀라울 정도의 끈기를 보여 주었다. 안드레아스의 어머니 안드룰라 씨는 풍부한 감성과 표현력을 가진 최고의 엄마였다. 때로는 타당한 불만과 믿음 사이에서 흔들리기도 하면서 말이다. 또 안드레아스의 아버지는 진솔하고 품위가 있었다. 이 두 젊은 부부는 아이를 키우는 그 1년 사이, 여생을 다 살면 겨우 이만큼 성숙할 수 있으려나 싶을 정도로 크게 성숙했다. 그들은 그다지 열성적으로 신앙생활을 하지는 않는 평범한 사람들, 소박한 믿음과 상식을 가진 이들이었다.

그들의 유일한 위안은 아이의 치료에 필요한 엄청난 비용을 책임져 주기로 약속한 한 키프로스인과, 생면부지였으나 이제는 가까운 친구가 된 병원 사람들이었다. 안드레아스의 부모에게 하느님의 사랑은 무척 인색하게, 아니 부당하게까지 느껴졌을 것이다. 아마도 하느님보다 주변 사람들이 자신들에게 더 많은 사랑을 베푼다고 느꼈을 것이다.

12년이라는 세월이 흘렀다. 나는 그리스로 돌아와 아토스 성산에 들어갔고 사제가 되었다. 그들은 분명 키프로스에 살고 있었을 것이다. 어린 안드레아스가 살아 있을 가능성은 극히 낮았다. 당시 의사들은 그들의 전문 지식과 통계에 따라 그렇게 짐작했고, 나 또한 그들의 말을 믿었다. 이렇게 우리의 길은 갈라졌다.

1999년, 나는 키프로스의 수도 니코시아에 있었다. 당시 보건복지부 장관과 함께하는 TV 인터뷰 요청이 내게 들어왔다. 전화를 통해 질문을 받고 우리가 답을 하는 방식이었다. 그런데 스튜디오에서 촬영 중에 알림이 왔다. 미국에 있던 나의 옛 지인이 전화로 연결되어 있는데 방송을 타길 원한다는 것이다. 다름 아닌 안드레아스의 아버지였다. 그는 나와 만나고 싶다고 했다. 얼마 후 방송이 끝나고서 그를 만나러 갔다. 나는 먼저 안드레아스의 소식부터 물었다.

"다른 세상에 있습니다."

그가 대답했다.

"죽었습니까?"

내가 물었다.

"다른 세상으로 떠난 것이 아니라 다른 세상에 있습니다."

"당신들은 어디에 계시나요?"

내가 더 과감하게 물었다.

"우리는 자신만의 세상에 있는 아들과 언제나 함께 있지요."

무슨 소리인지 잘 이해할 수 없었으나 그는 더 이상 말을 잇지 않았다. 그러더니 진심으로 정중하게 아이를 보러 집으로 가자고 나에게 청했다. 그렇게 우리는 집으로 향했다.

안드레아스는 키가 1미터 70 정도 되는 열세 살의 청소년이 되어 있었다. 그의 외모나 모습은 나름 만족스러웠다. 얼굴과 팔에는 군데군데 사마귀 점이 퍼져 있었지만 혐오감을 불러일으킬 정도는 아니었다. 그런데 진짜 문제는 신체가 아니라 그의 표현에 있었다. 안드레아스는 중증 자폐를 앓고 있었다. 혼자서는 아무것도 할 수가 없었다. 전혀 말을 하지 않았고, 청각적인 자극에도 반응하지 않았다. 대화도 없었고, 음악을 듣고 싶어하지도 않았다. 그 어떤 것으로도 그를 달랠 수가 없었다. 열 살이 될 무렵까지 쭉 그런 상태였다.

하루는 안드레아스의 대모가 성당 옆에 위치한 자신의 새 집으로 그를 데리고 갔다. 성당 종소리가 울리자 안드레아가 처음으로 미소를 지었다. 흥분을 하며 역동적으로 반응했다. 아이는 청각적인 자극이 있는 곳으로 몸을 움직이려 했다. 종소리가 멈췄음에도 굴하지 않았다. 그래서 만과 예배를 드리러 갔다. 안드레아스는 중얼거리며 나름대로 성가를 따라 부르고 있었다. 집으로 돌아와 대모가 라디오를 켜자 거부 반응을 보였다. 그런데 비잔틴 성가 테이프를 틀자 안드레아스가 다시 생기를 되찾았다.

20여 년이 지난 지금 안드레아스는 혼자 성당을 다닌다. 물론 그가 아는 것은 통째로 외우고 있는 '신앙의 신조'와 '주기도문' 그리고 성가들 중에서는 '순결하신 동정녀(아그니 빠르테네)'밖에 없다. 성당 말고 다른 곳에 가는 것은 싫어한다. 십자성호도 제대로 긋는다. 사제의 수염을 만지는 것을 좋아하고, 성체성혈 성사를 좋아한다. 이것이 그의 삶이다. 유일한 그의 삶이다. 다른 것은 일절 없다. 안드레아스는 자신의 부모 또한 하느님을 찬양하며 "다른" 세상, 그의 세상에 살게 만들었다.

병들고, 괴로워하고, 피폐하고, 자폐적이고, 쓸모없는 아이는 안드레아스와 무관하다. 안드레아스는 오직 하느님과만 설명할 수 없는 은밀한 교류를 나누는 축복된 아이, 이 세상의 소중한 영적 다이아몬드이다. "하느님께서는 지혜 있다는 자들을 부끄럽게 하시려고 이 세상의 어리석은 사람들을 택하셨으며, 강하다는 자들을 부끄럽게 하시려고 이 세상의 약한 사람들을 택하셨습니다. 또 유력한 자를 무력하게 하시려고 세상에서 보잘것없는 사람들과 멸시받는 사람들, 곧 아무것도 아닌 사람들을 택하셨습니다."(1 고린토 1:27-28)

만약 안드레아스의 상태를 미리 알았더라면 그는 지금 이 세상에 없었을지도 모른다. 그가 태어나는 것을 용납하지 않았을지도 모른다. 그는 '없는 존재'였을 것이다. 하지만 하느님께서는 우리를 비웃고 그를 선택하셨다. 이 아이는 세상 속에 있는 하느님의 보석이다. "하느님께서 하시는 일이 사람의 눈에는 어리석어 보이지만 사람들이 하는 일보다 지혜롭고, 하느님의 힘이 사람의 눈에는 약하게 보이지만 사람의 힘

보다 강합니다."(1 고린토 1:25)

지적장애를 가진 알렉산드라

몇 년 전, 자폐 증상이 있으며 의사소통에 문제가 있는 한 어린 소녀 알렉산드라를 알게 되었다. 정신과 의사들은 아이의 상태를 보더니 희망이 없다고 했다. 알렉산드라의 부모, 특히 어머니는 그런 상황을 버거워했다. 생각만으로도 미쳐버릴 것만 같았다. 여러 전문가들을 찾아다녀 봤지만 모두 같은 의견이었다. 아이는 소통에 심각한 어려움이 있었고, 인지 장애를 겪고 있었다. 자신 안에 갇혀 있었다. 여덟 살이었지만 학교에 가지 않으려 해서 벌써 2학기째 유급이었다.

알렉산드라의 부모는 교회와는 상관이 없는 사람들이었다. 교회에 무관심했고, 어쩌면 이성적인 무신론자인 듯했으며, 스스로 불가지론자라고 말했다. 그러다 마침내 친구들의 권유로 그들은 진정한 심리학자이자, 믿음이 깊고 다정하신 한 신부님을 찾아가게 되었다.

그렇게 그들은 절망 속에서 신부님을 만나 뵈었다. 사랑이 넘치시고 다정다감하신 신부님은 그들의 마음을 조금 달래 주시고는 말씀하셨다.

"알렉산드라가 스스로 그 답을 찾을 겁니다. 이런 아이들은 그들만의 독특하고 특별한 방식으로 하느님의 은총을 끌어당긴답니다. 하느님께서 여러분에게 행하신 '부당함'을 바로잡을 방법을 하느님 당신께서 찾으실 것입니다."

그러자 알렉산드라의 어머니가 말했다.

"하지만 신부님, 저희가 많은 전문가들을 찾아다녀 봤지만 모두가 한결같이 희망이 없다고만 하더군요. 아이를 검사하고 상태를 몇 번이고 확인하고 나서는, 하루라도 빨리 현실을 받아들이는 것이 마음고생을 덜 하는 길이라고 저희에게 말합니다. 하지만 용납할 수가 없어요. 다른 아이들과 어울려 학교도 다녀야 하지 않겠습니까? 서른 살이 되어서도 마치 무표정한 물체처럼 집안을 배회할 수는 없지 않겠어요?"

"전문가들을 찾아가신 것은 정말 잘한 일입니다. 하지만 하느님께서는 최고의 지식인이라는 사람들도 틀릴 때가 있다는 것을 보여 주실 수 있는 분입니다. 그들은 겉으로 드러나는 것을 가지고 판단합니다. 하지만 하느님께서는 보이지 않는 부분까지도 들여다보시는 분입니다. 두 분은 알렉산드라가 내면에 뭔가 중요한 것을 품고 있다는 것을 아셔야 합니다. 그 아이가 방법을 찾아 그것을 보여 주게 되면, 두 분은 아이뿐만 아니라 하느님에 대해서도 경탄하시게 될 것입니다. 하느님께서는 이런 아이들을 보다 더 많이 사랑하신답니다."

신부님은 잠깐의 침묵 끝에 다시 말씀을 이어 나갔다.

"여러분은 아이가 다닐 수 있는 학교를 계속 알아보세요. 요청하고, 설득하고, 예의 있게 따져도 보시기 바랍니다. 그러면 마침내 뭔가가 이루어질 거예요."

정말이지 수차례 거부당하고 좌절을 겪은 끝에, 그들은 마침내 한 젊은 여성 심리학자를 만나게 되었다. 그녀는 다른 그 누구보다도 알렉산드라의 상태에 관심을 보였다. 책, 연필 등의 물건으로 가득한 그녀의 사무실에는 성모님의 이콘도 있었다. 알렉산드라는 다른 것들을 제쳐

두고 그 이콘으로 다가갔다. 그러더니 손을 뻗어 이콘을 만지려고 안간힘을 썼다. 키가 작아 닿지 않았지만 포기할 줄 몰랐다. 그때 그 심리학자가 다가가 아이를 들어 위로 올려 주었다. 그러자 아이는 손을 뻗어 정말 부드럽게 이콘을 어루만졌다.

잠시 후, 부모와의 상담 중에 심리학자의 품에 안겨 있던 어린 알렉산드라가 그녀의 십자가 목걸이에 관심을 보였다. 목걸이를 가지고 놀고 싶어 하던 아이는 고개를 숙이더니 십자가에 입을 맞췄다. 집에서는 단 한 번도 이콘을 본 적이 없었고, 당연히 십자가나 교회 성물에 입을 맞추는 일에도 익숙하지 않았다. 부모는 아이의 이 모든 행동을 보고 깜짝 놀랐고 의구심이 들었다. 심리학자 또한 이 아이를 사랑하지 않을 수 없었다. 알렉산드라가 그녀의 마음을 사로잡았던 것이다.

심리학자의 도움으로 알렉산드라는 2년 후 특수학교에 들어갈 수 있었다. 아이가 적응할 수 있을지 살펴보기 위해 학교가 시범적으로 받아 준 것이다. 심리학자는 깊은 사랑의 마음으로 아이가 지닌 은사를 이끌어 냈다. 알렉산드라는 감춰진 능력을 선보이며 사람들을 깜짝 놀라게 만들었고, 모든 이들의 사랑을 받았다. 부모는 아이가 혹시나 진급을 할 수 있지 않을까 해서 시험을 치뤄 보길 원했다. 결과는 놀라웠다. 3개월 후, 알렉산드라는 같은 반 친구들 중에서 가장 우수한 학생, 상위권 학생들 중의 한 명이 되어 있었다. 아이는 일반 학교로 전학을 갔다. 알렉산드라의 기억력은 남달랐으며, 전 세계의 수도를 외우고 있었다. 모두가 깜짝 놀라 눈을 씻고 볼 정도로 영어와 불어를 습득해 나갔다. 수학은 어려워했다. 하지만 읽기와 받아쓰기에는 두각을 드러냈다. 실수가 없었다. 또 독창적이면서도 뛰어난 그림 실력을 발휘했다. 모방을 하지 않았다. 무엇보다 알렉산드라는 겸손한 아이였다. 모두가 그 아이를 좋아했고 함께 어울렸다. 그럼에도 몇몇 아이들은 자신과 다른 알렉산드라를 곱지 않은 시선으로 바라봤다. 알렉산드라는 그로 인해 혼란스러워하기도 했지만 곧바로 용서하는 모습을 보였다. 아이의 취미는 성당 가기와 성가 부르기였다. 하지만 내면에서 무엇을 느끼는지, 그걸 아는 사람은 아무도 없었다.

앞서 알렉산드라의 부모가 찾아가 뵈었던 그 독실하신 신부님께서 내게 다음과 같이 고백하셨다.

"이 아이에겐 뭔가가 있습니다. 제가 해결할 수 없는 어떤 문제에 직면할 때, 교인들이 중요한 일로 제게 기도를 부탁할 때, 제가 알렉산드라에게 기도를 부탁하면 희한하게도 하느님께서 성인들의 기도를 들어 주시는 것처럼 그 아이의 기도를 들어 주십니다. 아픈 사람들, 자녀가 아직 없는 부부들, 정신적으로 고통받는 이들의 이름을 적어 전해 주면서 동정심이 많은 그 아이의 마음이 아프지 않도록 간략하게 그들의 사정과 상황을 설명하고 기도를 부탁합니다. 그럼 하느님께서 알렉산드라의 기도에 응답을 해 주세요."

만약 태어나기 전, 검사를 통해 알렉산드라의 상태를 미리 알았더라면 이 보물은 세상에 존재하지 못했을 것이다. 우리의 세상은 분명 아픔과 불완전함을 덜어낼 수 있었을 것이다. 인류 조상의 타락으로 인해 연약해진 인간의 본성을 적나라하게 드러내지도 않았을 것이다. 그러나 동시에, 그만큼 하느님의 은총을 드러내지 못했을 것이다. 어린 알렉산드라의 존재는 아픔을 주면서도 신음하는 이 세상에 커다란 은총을 선사한다. 그리고 무엇보다도, 우리가 상상하지만 본질적으로는 존재하지 않는 인간적인 하느님과는 많이 다른 참 하느님을 알아차리게 한다.

이처럼 특별한 도움이 필요한 아이들은 우리 삶을 힘들게 하고, 우리를 고통스럽게 하려고 이 세상에 오는 것이 아니다. 이 아이들은 저마다의 이유로 이 세상에 왔고 저마다의 목소리를 지니고 있다. 우리가 해야 할 몫은 이들에게 사랑을 주고, 이들의 '무거운 짐'을 서로 나눠 지며, 우리 자신이 그렇게 뛰어나거나 중요한 존재가 아니라는 겸손의 자세로 이들의 부담을 덜어주는 것, 그리고 이들의 언어를 이해하려는 노력을 기울이는 것이다. 이 아이들은 우리보다 훨씬 유창하게 하느님의 언어를 구사한다.

✥ 불의에서 구원으로

'모든 것을 뛰어넘는 기쁨과 평화' (필립비 4:7)

인생을 살아가며 우리는 보통 망각을 약으로 삼아 삶의 비극에 대처한다. 대형 쇼핑센터를 가 보면 수많은 사람이 정신없이, 급하게, 탐욕스럽게 돌아다니는 걸 볼 수 있다. 의식하지 못하는 와중에 우리는 모든 철학적인 문제를 멀리하고 또 잊고 싶어 한다. 우리가 누리는 위안 대신 슬픔과 절망이 엄습할까 두려워하는 것일지도 모르겠다. 이처럼 우리는 끊임없이 현실을 회피할 수 있는 방법을 고안한다. 쇼핑에 몰두하면 다른 것들은 잊게 된다. 대학에서의 학업, 오락 시설에서 보내는 시간, 일하는 공간도 마찬가지다. 이 모든 것은 우리로 하여금 망각하게 하고 또 스스로를 기만하게 한다. 우리의 생각과 관심을 다른 곳으로 돌린다. 물론 다행한 일이다. 그렇지 않다면 우리네 인생을 어떻게 견디겠는가.

하지만 우리로 하여금 생각을 하도록 만드는 공간들도 있다. 신비롭고 이상하지만, 안으로 들어가 침잠할 수 있는 공간이다. 한 예를 들어 보자. 공항에서는 관례적으로 수많은 사람이 떠나가고 도착한다. 그런데 그곳에는 매우 깊은 의미가 담긴 만남과 헤어짐도 있다. 아픔을 숨기고 떠나가야 하는 이별, 형용할 수 없는 재회의 기쁨이 교차한다. 그곳에서 그대는 기다릴 여유가 있고, 감격하고, 흥분하고, 아파하고, 생각에 잠길 수 있다.

천문대에 가서 망원경으로 우주를 바라보라. 경이로움이 그대를 사로잡을 것이다. 그대가 지금까지 한 번도 보지 못하고 결코 상상도 할 수 없었던 것을 보게 될 것이다. 위대하다는 것, 그리고 멀리 있다는 것이 무슨 의미인지를 깨닫게 될 것이다. 무한이나 영원과 같은 개념에 다가갈 수 있을 것이다. 동시에 그대는 자신이 얼마나 보잘것없는 존재인지도 알게 될 것이다. 그대는 먼 곳을 응시하며 그 이전에는 결코 알 수 없었던 자신의 내면, 그 심연을 깨닫는다. 그대는 영원에 가까운, 미지의 무한한 존재와 견주어진다. 스스로가 곧 죽어 없어질 미미한 존재임을 즉각적이고 명백하게 느낀다. 뭐라도 붙들기 위해 손을 뻗어 본다. 생각해 보려 하지만 잘 되지 않는다. 잊어 보려 하지만 잊을 수가 없다.

교도소 역시 인간의 논리를 새롭게 변형하고 재구축하는 장소이다. 젊은 청년들, 풋풋한 소녀들, 우리의 이웃들, 하느님의 형상들은 삶을 강탈당하고 만다. 그 장소는 자신들에게 속하지 않는 삶을 훔쳐서 수형자들을 복수의 원천으로, 사악함의 전문가로 만들고, 비정상적인 악의와 비이성적인 잔인함을 표출하게 한다. 그렇게 해서 다음과 같은 결과가 초래된다. 감금당하고, 사회에서 거부당하고, 처벌받고, 이름에 먹칠을 하고, 미래를 잃고, 희망이 짓밟히고, 완전하게 경멸받는다.

"천사보다 조금 못하게 창조된" 인간이 어쩌다 이런 상황에 처하게 되었단 말인가? 영원한 삶에 대한 비전을 위태롭게 하는 것은 물론이고, 지상에서의 미래 역시 구겨져 버린 채로 살아가게 되었단 말인가? 사람에게 어찌 잘못된 과거만 있겠는가? 수형자들의 눈을 보라. 그들의 눈 속에는 극심한 고통, 수많은 의문, 깊은 참회, 참된 진리가 담겨 있다! 한순간의 잘못으로 인해 인생이 무너져 내릴 수도 있다. 모든 사람에게 기회를 주신다는 하느님께서는 어째서 평생 동안 대가를 치러야 하는 실패, 불행, 불의를 허락하시는 걸까?

이 생각은 정신병원이나 지적장애 환자들이 생활하는 기관으로 우리의 시선을 돌리게 한다. 그들을 직시하기란 쉽지 않은 일이다. 언젠가 한번 이런 기관에 방문한 적이 있다. 당시 스물다섯 살의 한 청년이 내게 다가왔다. 그 친구는 내 수염과 주교용 지팡이 그리고 주교용 목걸이를 맘에 들어 했다. 그는 어린아이처럼 행동했다. 몸을 제대로 가눌 수 없다 보니 처음 보는 나를 안으려다가 무례하게 들이받는 상황이 연출되었다. 내가 쓰고 있던 안경을 바닥에 떨어뜨리고, 의도치 않게 나를 밀치면서 내 위로 세게 넘어졌다. 아파하는 내 얼굴을 보더니 그는 울부짖기 시작했다. 청년은 그의 사랑을 표현할 수가 없었다. 삶을 즐길 수도 없었고, 기쁨과 슬픔을 인식하는 데 어려움이 있었다. 확연히 차이가 나는 것도 구별하지 못했다. 다른 이들과 함께 기관 안에 갇혀서는 자신의 삶에 대한 어떤 결정도 스스로 내리지 못했다. 그의 자율

성은 극히 제한적이었다. 이 청년은 얼마만큼 인간다운가? 자신의 삶을 얼마만큼 통제하고 있고, 우리와 주변 환경에 의해 얼마만큼 영향을 받는 것인가? 그리고 만약 우리 각자 안에 하느님께서 주신 뭔가가 있다면, 하느님께서는 청년을 왜 그렇게 빚으신 걸까? 의사 표현을 하지 못하고, 가족들도 함께 고통받으며, 대중 정서에 상처를 주고, 우리가 가진 논리가 부서지도록 말이다.

현세의 모든 상수가 붕괴하는 곳은 입원 병동이다. 그곳에는 극도의 고통과 최고의 기쁨이, 희망과 걱정이, 자신의 병이 치유되기를 바라는 강렬한 욕망과 다른 환자도 낫길 바라는 절실함이, 다른 세상에 대한 갈망과 현생에 대한 애정이 공존한다. 소아암 병동이나 특별한 보살핌이 필요한 사람들이 기거하는 기관을 방문해 보라. 그대의 논리는 무너지고, 가슴은 찢어지며, 내면의 평온은 산산이 조각나고, 세상과 사회와 꿈과 이상에 대한 실존적 거부감을 갖게 된다. 그리고 그대의 존재 이유와 그것을 어떻게 감당할지에 대해, 무엇이 가치가 있고 무엇이 없는지에 대해, 권력에 대해, 하느님에 대해 질문을 던지게 된다. 어떻게 하느님께서는 이런 비극과 불의에 동조하실 수 있단 말인가? 우리 중 누군가가 하느님이라면, 이런 세상을 만들었을까? 그렇다면 왜? 혹시 인간의 본성이 신성보다 더 많은 선을 감추고 있는 것인가? 최종적으로 하느님은 무엇이고 또 누구인가? 잘못된 창조주인가? 잘못된 세상의 조물주인가? 악에 패배한 선인가? 거룩하신 분이지만 모든 권세를 지니진 못하셨는가? 전능하신 분이지만 한량없는 사랑을 베풀진 않으신단 말인가?

유일한 방어 수단은 의식적인 기억에서 이 모든 것을 밀어내는 것이다. 한편으로는 이런 요인에 거리를 두고, 또 다른 한편으로는 시간이 흐르기를 기다리는 것만이 문제를 잠재우는 전형적인 방법이다. 하지만 이런 방법으로 문제를 해결할 수는 없다. 종종 그대가 예상하지 못한 곳에서 그것을 일깨우는 일들이 발생한다. 어디서건 답변이나 어떤 해결책, 지원, 작은 희망의 빛이 필요하다. 전망은 비관적이다. 논리는 부족하다. 굳어진 종교적인 답변들이 자극을 주지 못한다면 설득은 요원하다. 설득할 수 있는 것은 믿음이다. 오직 믿음, 깊은 믿음이다. 믿음은 문제를 포용한다. 그리하여 그대가 두려워하는 문제를 그대가 추구하는 기회로 변화시킨다. 믿음은 외길이다. 진실되고 진정성이 있으면 된다.

얼마 전, 지인들이 한 지체 장애 청년을 방문해 달라고 부탁을 해 왔다. 그들은 자세한 설명은 하지 않고 단지 그 청년이 나를 만나고 싶어 한다는 것과, 그가 과학에 관심이 많다는 말만 전했다. 아마도 나에 대해 무슨 얘기를 듣고는 한번 만나 보고 싶었던 모양이다. 그는 근이영양증을 앓고 있는데, 질환을 처음 발견했을 때 겨우 다섯 살이었다고 했다.

나는 청년을 만나러 갔다. 그의 부모가 집 마당에서 우리를 기다리고 있었다. 진지하면서도 정감이 있고 도량이 넓은 사람들로 보였다. 왜인지는 알 수 없었으나 그들은 우리가 서로 안면을 튼 것에 대해 무척 행복해했다. 그리고는 나의 방문에 과할 정도로 감사를 표했다. 말이 아니라 태도와 행동으로 드러나는 공손하면서도 뜨거운 환대는 삶의 기쁨에서 비롯하고 있었다. 그들이 자랑스러워하는 것은 뭔가 일반적이지 않은 독특한 것이었다. 내가 받은 첫인상은 지인들을 통해 들었던 것과는 확연히 달랐다. 고통이나 불행의 흔적은 찾아볼 수가 없었다. 대단한 기운이 흐르고 있었다.

  우리는 계단을 올라 조심스럽게 거실로 들어섰다. 나는 그곳에 자리가 마련되어 있을 것이라고 생각하고는 잠시 멈춰 섰다.

  "스타브로스 방으로 가시지요. 거기에 저희의 기쁨이고 축복인 우리 멋진 아들이 있습니다."

  그들의 말은 거짓이나 위선이 아닌, 마음에서 우러나오는 진심이었다. 방으로 따라 들어간 나는 그들의 기쁨과 축복을 확인할 수 있었다! 그곳에는 서른 살 정도 되는 한 젊은 청년이 리넨 담요를 덮고서 침대에 누워 있었다. 그는 최근 5년간 머리를 움직일 수 없었고 시선을 돌리는 것조차 어려웠다. 하지만 입술과 오른손 검지는 아주 천천히 움직일 수가 있었다. 산소 호흡 장치가 숨 쉬는 데 도움을 주고 있었고, 최신 첨단 기계는 그의 목소리를 증폭시키는 역할을 했으며, 또 다른 기계 장치는 손가락의 움직임을 문장과 그림으로 변환시켜 주었다. 머리 위에 있는 디지털 화면은 그의 가까운 친구이자 말 상대였다. 최첨단 IT 프로그램을 이용해 그는 설교를 듣고, 편지를 주고받고, 음악을 작곡했다. 멀티미디어를 훌륭하게 활용해 놀라운 창작물을 만들어 내고 자신의 풍부한 세계를 표현할 수 있었다.

  청년은 나의 방문에 기쁨을 감추지 못하며 그곳까지 오는 데 들인 수고에 깊은 감사를 표했다. 내가 청년에게 말했다.

  "스타브로스, 자네에 대해서 많은 얘기를 들었다네. 그래서 이렇게 만나러 찾아왔다네."

"주교님, 제 모습이 안 보이십니까? 저에 대해 들을 게 무엇이 있겠습니까? 저는 주교님에 대해 많은 이야기를 들었습니다. 그래서 꼭 만나 뵙고 싶었습니다."

청년이 입술을 힘들게 움직이면서 아주 느리게 대답했다. 그의 얼굴에는 어떠한 근육의 움직임도 없었다.

"자네와 나를 비교하는 것인가? 나는 특혜를 입은 가짜 출세자이고 자네는 불의를 당하는 영웅이 아닌가?"

전체적인 분위기로 보아 청년이 가혹한 진실을 감당할 수 있으리라 생각해 과감하게 말을 이어 나갔다.

"주교님께서 저보다 더 많은 축복을 받으셨을 수는 있어도, 더 많은 특혜를 입지는 않으셨습니다."

그는 대답 후에 잠시 말하기를 멈췄다. 대화를 하느라 호흡이 가빠져 있었기 때문이다. 그러더니 이내 화면에 글을 쓰기 시작했다.

"저는 하느님께 영광을 바칩니다. 왜냐하면 제 육신이 시련을 겪으면서 제 영혼이 생동하게 되었고, 영적인 세상의 가장 아름다운 곳으로 끊임없이 달려가고 있기 때문입니다. 만약 제가 여느 사람과 같았다면 전 하느님의 사랑에 기뻐할 수 없었을 거예요. 지금 저는 그 사랑을 누리고 있습니다."

"어떤 사랑 말인가?"

조금 적극적으로 그에게 질문을 던졌다. 왜냐하면 설득력 있고 멋진 답변이 나올 것이라는 확신이 있었기 때문이다.

그가 눈을 움직여 살짝 미소를 보였다.

"주교님께서 설교에서 말씀하시는 사랑이 제게 그 답을 줍니다. 말씀하시는 방식에서, 주교님 마음에서 우러난 말이라는 것이 보여요. 제가 말씀드리고 싶은 것은 사랑은 또한 매우 진실되어야 한다는 점입니다. 순수한 것만으로는 충분하지 않습니다. 진실되어야 합니다."

잠시 침묵이 흘렀다.

"저는 정말로 행복합니다!!!"

그가 화면에 적었다.

"저는 저와 함께 고통받고 계시는 부모님도 애처롭게 여기지 않습니다. 왜냐하면 그분들도 행복해하시기 때문입니다. 하느님께서는 우리 옆에 계십니다. 아니, 우리 마음속에 계십니다. 온 낙원이 제 방 안에 들어 있습니다."

"자네는 절망스럽거나 불평을 품은 적은 없나?"

"불평요? 왜요? 저는 진실되게 살고 있답니다!"

그는 계속해서 화면에 써 보였다.

"자네는 삶에서 원하는 게 있는가?"

"하던 작곡을 마무리하고 싶을 뿐입니다. 하느님께서는 이런 환경에서도 진실로 이곳에 계시지만, 제가 해야 할 일을 마치는 순간 더 가까이 느낄 수 있을 듯해요. 하지만 저를 보고싶어 하실 부모님을 생각하면 마음이 조금은 아립니다. 그래도 부모님께서 잠시 휴식을 취하시다가 저를 다시 만나실 거란 생각에 위로가 됩니다."

나는 대화 주제를 바꿨다. 그들에겐 기적과도 같은 아들을 자랑스럽게만 여긴 스타브로스의 훌륭한 부모님과 많은 대화를 나눴다. 스타브로스는 휴식을 취해야만 하기도 했다. 그분들은 나에게 다과를 대접하고는 여덟 살 때부터 몸을 움직일 수 없어 부모에게 완전히 의지하게 된 아들의 병에 대해, 아이가 주었던 기쁨에 대해 이야기해 주었다.

이와 유사한 사례의 또 다른 한 청년을 나는 알고 있다. 그는 휠체어에 앉는 것을 거부했다. 몸을 옴짝달싹할 수 없었기 때문이다. 그에게는 네 명의 형제와 따뜻한 부모님이 계셨다. 자신은 법대를 다니는 대학생이었고, 그의 아버지는 아내나 또 다른 이의 도움을 받아 매일 필요한 곳으로, 말 그대로 청년을 끌고 다녔다. 그는 자신의 다리로는 스스로를 전혀 지탱할 수 없었다. 발을 디딜 수도 없었고, 다리를 움직이지도 못했다. 어디를 가든지 끌려다니다시피 했다. 아주 힘겹게 그를 자리에 앉히면, 앉힌 자세 그대로 있을 수가 있었다. 머리는 명석했고 심리적으로도 완벽히 건강했다. 얼굴 근육의 문제 때문에 조금 부자연스러운 미소를 짓지만, 언제나 가장 행복한 표정이었다. 짓궂은 질문들에도 호의, 행복 그리고 긍정으로 그득한 답변이 준비되어 있었다.

"나의 친구 넥타리오스, 자네를 보게 되어 정말 반갑네."

"저도 주교님을 뵙게 되어 정말 기쁩니다."

"잠깐의 만남 때문에 자네가 이렇게 많은 시간을 소비하고 또 불편스러운데 괜찮은가?"

"짧은 만남일지라도 그 가치는 그 어떤 불편함보다도 더 큽니다. 아니, 저에겐 불편함이 없습니다. 저에겐 오직 기쁨, 오직 행복만 존재합니다. 저는 매우 행복합니다. 저희 아버지께서도 저를 도와주고 계십니다. 하느님께 영광 돌립니다."

"자네의 아버지에 대해서 하느님께 영광을 돌리는 것인가?"

"저의 아버지와 모든 것에 대해 하느님께 영광을 돌립니다. 하느님께서는 저에게 정말 좋으신 분이에요. 제게 두 개의 중요한 목발을 주셨습니다. 그건 여러분 모두의 사랑과 저의 신앙입니다. 이 둘로써 저는 제 삶을 걸어갑니다. 상상도 하실 수 없을 만큼 저는 즐겁답니다. 달리고 싶을 때가 있는데 그걸 해낼 거라고 생각해요. 아니, 제가 무슨 말을 하는 거죠? 전 이미 달리는 중입니다."

"자네를 보면 항상 행복해하는 얼굴인데 사기가 떨어진 적은 없었나? 무기력해진 적이 없어?"

"한 번도 없었습니다. 저는 행복합니다."

넥타리오스는 단호하게 대답했다.

나는 그에게 한 청년 단체와 교류해 볼 것을 제안했다. 열정과 진정성을 가진 한 젊은 사제가 보살피는 활기찬 단체였다. 내가 그를 그곳에 보낸 이유는 도움을 받기보다 도움을 주기 위한 것이 더 컸다. 그곳에서 친교를 맺기 시작한 그는 모임의 영적인 역량을 높여 주었다. 그의 행동 방식, 스타일, 내면의 힘, 자유와 기품, 배어나는 기쁨으로 청년들의 관점을 바꿔 주었고, 그들을 생명으로 이끌었으며, 진리와 기쁨이 어떤 의미인지를 보여 주었다. 그는 모든 이를 사랑했고, 그들로부터 넘치는 사랑을 받았다.

얼마 전, 그는 마음을 담은 편지를 사제에게 써 보냈다.

존경하는 영적 아버지, 요르고스 신부님,

당신의 손에 입을 맞추고 당신의 축복을 구합니다.

저에게 큰 선물을 해 주신 신부님께 진심으로 감사드립니다. 신약성서는 공부해 본 적이 없었는데, 선물해 주신 성서는 이제 저의 벗이자 감미로운 위로입니다. 성서의 모든 구절이 제 삶에 신선한 공기를 불어넣어 줍니다. 더이상 낮은 물론 밤에도 무섭지 않습니다. 손으로 성서를 만질 때마다 제 불확실한 미래에 대한 두려움이 사라집니다.

제가 신부님을 알게 된 그날부터, 신부님의 자애로운 목소리와 한없는 사랑의 포옹이 저를 더없이 행복한 사람으로 만들어 주었습니다. 또한 저에게 베풀어 주신 모든 것에 대해 온 마음을 다해 진심으로 감사를 드리고 싶습니다.

부모님께서 가능한 자주 신부님이 계시는 곳으로 저를 데려다주실 수만 있다면, 저는 온 영혼을 다해 신부님을 뵙고, 말씀을 듣고, 손길을 느끼고 싶습니다.

존경하고 사랑하는 신부님, 당신의 축복을 청합니다. 귀한 시간을 내어 이 편지를 읽으시는 순간, 신부님의 축복이 저를 찾아와 제 영혼을 따뜻이 감싸 줄 것이라고 확신합니다.

신부님께 진심으로 감사드립니다.

넥타리오스 올림

이런 넥타리오스를 보고 어떻게 슬퍼하고 걱정을 할 수 있겠는가? 그대는 넥타리오스에게 무한한 끈기와 인내가 있음을 느낄 것이다. 그 무엇도 그를 약하게 만들지 못한다. 우리는 그를 경탄할 뿐이다. 그를, 그의 인간 본성의 힘을, 하느님은 우리와 다르게 생각하심을 보고 경탄할 뿐이다. 그는 이보다 더한 것도 견뎌 낼 수 있다. 그리고 하느님께서는 그에게 많은 일이 일어나도록 허락하신다….

얼마 전 세상에 둘도 없는 든든한 지원군이었던 그의 아버지가 심장마비로 돌연 세상을 떠났다. 미래에 대한 불안과 또 다른 '불의'라는 숙제를 넥타리오스에게 남기고 그렇게 떠난 것이다. 말로 표현할 수 없는 영적인 힘, 믿음 그리고 품위로 그 난관을 헤쳐 나가야 하는 숙제 말이다. 그가 이미 가진 고통으로는 충분하지 않았던 것인가? 무엇 때문에 예기치 못한 새로운 시련이 거기에 더해져야만 하는가? 지금까지 정말 성실하게 살아오지 않았는가! 고통과 시련의 상아탑에서 우등생인 그에게 위로의 상 하나 주는 것이 그렇게 문제가 된단 말인가? 결국 마음을 아프게 하는 것은 사건 그 자체보다는 불의를 당했다는 느낌이다. '무슨 일'이 일어났는지보단, '어째서' 그런 일이 일어났는지 하는 물음으로 인해 고통을 받는다. 넥타리오스는 더 나은 행운을 누릴 자격이 있었다.

그럼에도 그는 흔들리지 않고 꿋꿋이 앞으로 나아갔다. 다른 주파수에 맞춰 생각하고 행동하려고 했다. '왜'라는 물음은 그를 전혀 괴롭히지 못했다. 넥타리오스는 현생의 권리와 요구의 속에서 겸손하게 그날을 기다린다. 동시에 불의를 겪은 성인들, 피를 흘린 순교자들, 박해받은 신앙의 고백자들, 요한계시록의 "죽임당한 어린양", 십자가에 못 박히신 영광의 왕과 함께 그의 자리가 하늘나라에 있음을, 자신의 삶으로써 모두에게 확인시켜 준다. 이제 그의 얼굴은 신비로운 위엄, 성스런 표정, 순교의 영광을 드러낸다. 그의 말은 이 세상 너머의 희망, 형용할 수 없는 은혜, 다른 차원의 기쁨을 준다. "그의 얼굴은 마치 천사와 같이" 빛난다.(사도행전 6:15)

참으로 놀랍다! 이들은 우리가 가진 의문을 어째서 똑같이 품지 않는 걸까? 언제나 미소를 띠고, 언제나 행복하며, 언제나 경외심을 자아낸다. 무엇보다도 우리에겐 버겁기만 한 죽음의 비극이나 예상치 못한 시련의 무게가 하느님께는 어쩌면 그렇지 않은지도 모른다. 그래서 성인들은 유혹, 슬픔, 시련에 대해 도전적으로 긍정적인 표현을 하지 않았는가 싶다. 위대한 수행자요 헤지카스트인 이사악 교부는 "삶의 어려움이나 유혹과 같은 '쓴 약'을 통해 우리에게 영적 건강을 주신 주관자께 영광을 바칩니다."(수행록 중)라고 적었다. 쓴 약을 영적인 삶의 즐거움으로 명명한 것이다. 이러한 사고와 경험에 참여하는 사람들은 겉으로는 끔찍한 시련을 겪는 것처럼 보일지라도, 실제로는 그들의 영혼이 누리는 행복에 어떤 손상도 입지 않는다. 그리고 그들은 삶으로써 은밀한 즐거움의 감성을 발산하고, 말로써 지속적이고 깊은 영광을 표현한다.

나의 가장 친한 친구 중 한 명이자 아마도 유일한 나의 영적 교사라고 할 수 있는 이를 이쯤에서 꼭 소개하고 싶다. 옛 국가대표 축구 선수, 십종 경기의 챔피언이자 코치, 재능을 알아보는 은사를 가진 그가 어느 날 결혼을 결심했다. 좋은 사람을 알아보는 은사로 정말 멋진 여성을 만났다. 그렇게 결혼 후 정확히 한 달이 지났을 때 그가 운전하던 오토바이가 기둥을 들이받는 사고가 일어났다. 그는 7개월 동안 말을 못했고, 온갖 감염에 시달렸다. 하지만 그는 이겨 냈다. 서서히 좋아지기 시작했고, 의학적 예후를 뒤집었다. 눈을 뜨고 말을 하기 시작했다. 자리에서 일어났고 다소 특이한 자세로 걸어 다녔다. 신체 기능의 회복을 위한 수술을 연달아 받았다. 포기하지 않았다. 그는 바로 그리스 패럴림픽 팀의 수영 챔피언이다.

"저는 정말 행복합니다. 하느님께 영광 돌립니다. 모든 것이 완벽합니다."

그 친구는 이 말을 끊임없이 반복했다. 그는 모든 재산을 다 잃었다. 직업도 잃었다. 미래는 산산조각이 나고, 그에게 필요한 기본적인 편리함도 사라져 버렸으며, 가족의 앞날까지도 무너져 내린 듯했다. 하지만 그의 삶은 더욱 진실해졌고, 부인과의 관계는 더욱 돈독해졌으며, 하느님과의 친교는 더욱 깊어졌다. 불만이나 공허한 말들, 어리석은 선택들은 완전히 사라졌다.

야니스는 우리에게 다른 행로가 있다는 영감을 주기 위해, 다른 논리가 있음을 설득하기 위해 그리고 우리에게 또 나른 하느님을 가르쳐 주기 위해 우리 곁에 머물러 있다. 처음엔 사건들 속에서 하느님이 분명히 눈에 띄지 않을 수 있다. 하지만 하느님께서는 어떤 '불운한' 소수의 사람들의 말과 눈에 당신을 드러내신다. 시련의 무게는 그들의 몸은 짓눌렀을지언정 그들의 영혼은 털끝만큼도 건드리지 못했다. 그리고 그 영혼은 현대인의 합리주의와 옹졸함을 산산이 부숴 버렸다.

여기서 나는 네 번째 에피소드를 덧붙이려 한다.

10여 년 전 나는 마흔 살가량의 한 여성을 알게 되었다. 그녀는 깨끗한 영혼, 맑은 눈동자, 종교적 가식이 없는 깊은 신앙심을 지녔으며 얼굴은 물론 행동, 표현 그리고 말소리에서도 선함이 묻어나는 분이었다.

그녀는 결혼 후 오랜 시간이 지나 어렵게 딸을 낳았는데 아이의 상태가 심각했다. 선천성 심장 질환에 수두증이 분명했고, 양쪽 다리 길이가 다른 하지부동, 나아가 지적장애도 있어 보였다. 그녀의 남편은 아이를 어딘가에 맡기자고 주장했다. 견디기 힘들 정도로 고집을 부렸다. 헤어지겠다는 협박도 서슴지 않았다. 하지만 그녀는 아이를 버릴 수가 없었다. 생각만으로도 견딜 수가 없었다. 결국 남편은 그녀를 버리고 떠나갔다. 이제 그녀는 감당하기 힘든 십자가를 홀로 져야만 했다. 경제적, 사회적 그리고 개인적인 문제를 떠안아야 했다. 그녀는 어린이 병원에서 보조로 일을 했다. 비극을 겪으면서 그녀의 의식이 깨어났다. 마음이 열리고, 본성을 뛰어넘어 우리의 논리, 모든 인간이 가진 논리를 극복했다. 그때 그녀는 처음으로 자신만이 이런 일을 겪는 게 아니라는 것을 인식했다. 비슷한 문제로 부모로부터 버림받은 채 병원으로 오는 아이들이 많다는 것을 알게 되었다.

그녀는 제대로 '미쳐보기'로 마음먹었다. 그것은 그녀에게 매우 합리적인 결단이었고 무척 자연스러운 것이었다. 그리고 많은 어려움 끝에 자신의 뜻을 이뤘다. 두 명의 자녀를 더 입양해서 키우기로 한 것이다. 한 아이는 다운증후군을 앓았고, 다른 아이는 근이영양증을 앓고 있었다. 남편을 잃은 그녀는 세 배의 노력을 기울여야 하는 엄마가 되었다.

진정한 엄마였고, 대단한 엄마였다.

그녀는 이렇게 말했다.

"저는 하느님께서 제게 왜 이 시련을 허락하셨는지 설명할 수 있는 믿음이 없습니다. 그래서 부족한 믿음을 제 안에서 잠자고 있던 여분의 사랑으로 감싸기로 결심했어요. 제 안에 그런 사랑이 있는 줄 전에는 몰랐지만 지금은 알게 되었습니다. 저는 그 사랑을 깨워 앞으로 나아가고 있어요. 무엇보다 하느님께서 제가 잘 헤쳐 나갈 수 있도록 힘을 주고 계십니다. 단지 힘만 주시는 것이 아니라 매일 기적을 베풀어 주세요. 만일 제게 왜 하느님께서 이것들을 허락하셨는지 물으신다면, 저는 그 답을 모릅니다. 다만 아는 것은 하느님께서 실재하시고, 참으로 자애로우시며, 넘치는 사랑으로 가득하시다는 점입니다. 저 역시 그 사랑을 받습니다. 주의 이름 영광 받으소서!

아이들은 모두 잘 크고 있습니다. 의사들의 오류를 계속해서 증명하는 셈이죠. 다운증후군을 앓는 코스타스는 마치 인형 같아요. 하느님의 큰 축복이 아닐 수 없습니다! 전 제가 할 수 있는 것을 할 뿐, 나머지는 하느님께서 채워 주고 계십니다. 아이들이 저에게 하는 말을 들어 보시면 하느님의 지혜가 그들에게 임하고 계심을 알게 되실 거예요. 아이들이 어느 정도 자란 지금 저는 최고의 가족을 이루고 있다는 느낌이 들어요. 사랑과 진실, 하느님의 축복으로 똘똘 뭉칩니다. 힘들 때도 있고 아픔도 있지만, 무엇보다 참된 기쁨이 큽니다. 이런 아이들을 거부하는 이들은 하느님의 가장 섬세한 축복을 멀리 쫓아 버리는 거죠."

이 시대와 문화의 합리주의, 그 완고함으로 인해 멸시를 당하는 이런 아이들 안에 하느님께서 편히 거하고 계심을, 실제로 우리는 자주 목격한다. 그들은 자신이 겪는 시련을 통해 우리에게 많은 것을 일깨워 준다.

아주 귀엽고 사랑스러운 소녀였던 밀토가 기억난다. 밀토는 급성 백혈병으로 매우 힘든 시간을 보냈다. 아이는 가장 공격적인 항암치료를 견디면서도 비할 데 없는 침묵과 인내를 보여 주었고, 창백한 얼굴에서는 늘 상냥함이 빛났다. 아이가 잘 참아 낼수록 부모의 심정은 무너져 내렸다. 그들은 믿음의 마지막 조각을 희망과 함께 서서히 잃어가고 있었다. 밀토의 부모는 하느님을 믿는 사람들이 아니었지만 그들 안에는 뭔가가 있었다. 그들은 딸을 좋은 학교에 보냈는데 선생님은 밀토를 무척이나 아꼈다. 아이는 잠자리에 들기 전 언제나 십자성호를 그으면서 "그리스도의 십자가여, 당신의 힘으로 우리를 구원하소서"라고 기도했다. 선생님으로부터 그렇게 배운 것이었다.

"왜 십자성호를 긋는 거니?"

어머니가 밀토에게 물었다.

"저에게 힘을 달라고 그리스도께 기도하는 거예요. 빠라스케비 선생님께서 우리에게 그렇게 알려 주셨어요."

밀토가 대답했다.

"너를 낫게 해 달라고 그리스도께 기도하는 것이 더 낫지 않을까?"

"제게 힘과 기쁨을 주시잖아요. 그거면 돼요. 다른 것은 굳이 필요 없어요."

밀토의 부모는 더 이상 고집을 부리지 않았다. 그들은 많은 것을 이해하지 못하고 있었다. 밀토의 병이 점점 악화되자 오히려 하느님께 등을 돌렸다. 그럼에도 불구하고 십자성호를 긋고 기도를 올리는 딸에게는 차마 그렇게 하지 못했다.

밀토는 여덟 살에 숨을 거뒀다. 아이는 잠들기 전 어머니에게 '주기도문'을 읊어 달라고 부탁했다. 스스로는 더 이상 아무것도 할 수 없는 상태였기 때문이다. 밀토는 품에 있던 인형을 내려놓고 팔을 십자가 형태로 포갠 다음 어머니에게 기도를 부탁했다. 어머니는 딸의 부탁을 물리칠 수가 없었다. 그녀는 흐느끼면서 아이의 부탁을 들어주었다. 주장과 증명, 협소한 사고와 생각의 논리를 버리고 아이의 세상으로 들어가서 행동했다. 흐르는 눈물과 함께, 자신의 마음속에서 믿음도 끄집어냈다. 밀토가 죽어 갈 때 그녀는 하느님을 얻었다. 딸은 그녀의 영적인 어머니가 되었다. 그녀는 딸의 말을 기억하고 있다. 비록 품에 안을 살아 있는 딸은 이제 그녀에게 없지만, 힘과 끈기와 기쁨을 가지고 살아가고 있다.

✧ 나의 하느님, 왜 저에게?

간결하면서도 심오한 의문, 왜?

왜라는 물음은 굉장히 자주 던지는 데 비해 아주 깊은 의미를 담고 있고, 매우 강렬하게 표현되는 데 비해 그에 대한 대답을 얻기는 몹시 어렵다. 굉장히 진실되고 너무도 인간적이지만 충족되기 힘든 질문이고, 그 사적인 특성으로 인해 입으로, 말로, 단어로 쉽게 표현되지 못하고 청중 앞에서 공개적으로 발화되지 않는다. 또한 이 질문은 고통받는 이들의 아픔을 알은체하는 사람들이 제시하는 단조로운 의미의 답변을 결코 용납하지 않는다. 어쩌면 무엇보다 말로 할 수 없고, 또 해서는 안 되는 주제라서인지도 모른다. 이 화두는 의식의 표면에 도달하기엔 너무 깊다. 우리가 감내할 수 있는 범주 안에 집어넣기엔 엄청난 고통이다. 또 대중의 말 속에서 답을 찾기에는 워낙 개인적이다. 이 질문 자체가 어쩌면 질문을 하게 만든 원인보다 더 많은 아픔을 간직하고 있는지도 모른다. 쉽게 답변을 얻을 수 있는 물음이 아니라는 것을 우리 모두 잘 알고 있기 때문이다. 그럼에도 불구하고 이 질문은 지속되며 또 진실되다.

하느님, 왜 저에게? 나의 귓전에 맴돌고, 가슴속 깊은 곳을 울리는 질문이다. 이는 질병으로 고통받는 아이들의 부모와 치명적인 질환에 시달리는 이들 모두가 던지는 하나의 화두이다. 그러니 어찌 이 질문이 설교나 조언, 의견이나 답변의 형태로 변형될 수가 있겠는가?

이 질문은 계속 되물어진다. 그리고 말이 아닌 오직 눈물로, 생각이 아닌 감정으로, 의견이 아닌 침묵으로, 대답이 아닌 공감으로 응답을 받는다. 그렇다면 어떻게? 우리는 입이 아닌 눈으로 더 훌륭하게 말을 할 때가 많다. 우리의 한숨 소리는 우리가 가진 생각보다 더 강렬하고, 고통스러운 당혹감은 그 어떤 대답보다도 진실을 훨씬 더 잘 반영한다.

주위를 둘러본다. 고통받는 많은 이웃들, 어떻게든 표현을 하고 싶어도 할 수 없거나, 주저하거나 또는 두려움에 하지 못하고 약해져 있는 우리의 형제자매들이 보인다. 이들 모두는 타인이나 이방인, 나와 상관이 없는 사람들이 아니라, 우리 자신에게 있어 가장 순수하고 가장 필요한 부분이다. 그들과의 만남은 우리의 마음속에 있는 '에고(ego)'를 사라지게 한다. 그리하여 나는 내 영혼의 입술을 잠시 그들에게 빌려 주어, 그들이 말하지 못하는 아픔과 계속되는 의구심을 대신 표현해 보려 한다.

얼마 전, 어린이 병원에 방문할 기회가 있었다. 나는 우연히 알게 된

한 종양과 책임자 사무실로 갔다. 그녀는 내게 병실 방문을 제안했으나, 나는 답을 피한 채 조금은 특이한 그 사무실을 훑어보았다. 벽은 고통과 희망이 동시에 어린 얼굴들, 병마와 투쟁해 나가는 얼굴들로 가득 채워져 있었다. 그들 중 몇몇 아이들은 아직 우리 곁에 살아남아 기쁨을 주고 있었고, 다른 몇몇은 하느님의 품 안에서 다시 만날 것을 약속하며 떠나갔다.

그녀의 사무실에는 책보다 사진이 훨씬 많았다. 과학적 지식이 주는 풍요로움은 삶의 진리가 주는 충만함에 비해 빈약하다. 이 공간에서 느껴지는 독특한 사랑의 광채로 인해 나의 의구심은 희미해졌다.

우리는 사무실에서 빠져나왔다. 말로 표현하기 힘든 어떤 안도감 속에, 현생의 거짓으로 들어가기 위해 진리로부터 빠져나왔다는 생각이 스쳤다. 하지만 나는 곧 가장 큰 진리를 맞닥뜨렸다. 그곳 휴게실에는 탁자 하나가 놓여 있었고, 세 명의 아이들이 그 위에서 보드게임을 하는 중이었다. 모두 창백한 얼굴에 머리카락은 다 빠지고 없고, 손 정맥에는 항암제가 들어가는 주삿바늘이 꽂혀 있었다. 아이들 옆으로는 젊은 나이의 어머니 둘과 노인 한 명이 자리하고 있었는데, 순간 그들의 시선이 나에게 집중되었다. 아이들은 아무 일도 없는 것처럼 놀이를 계속 이어갔다. 당황스러웠다. 나는 좋은 일을 하기 위해 병원을 찾은 훌륭한 성직자처럼 위선적 웃음을 지어 보일 용기를 내지 못했다. 부모들의 시선과 아이들의 태평이 나에게 그렇게 깊이 각인된 경우는 단 한 번도 없었다. 이 광경은 자동적으로 하나의 질문으로 이어졌다. 지금까지도 내 귓가에 맴도는 질문. 그들의 눈빛은 모든 평범한 사람의 마음에서 피어나는 가장 간결하면서도 심오한 의문, "하느님, 왜 저에게?"라는 질문에 대한 답을 갈망하고 있었다.

고통받는 이의 눈은 나의 말이 아니라 오직 눈물로써만 그 갈증을 해소할 수 있다. 나는 그렇게 생각했다. 작별 인사를 나눈 뒤 그들의 표정에 대한 기억과 함께 이 질문을 마음에 품고서 그곳을 빠져나왔다.

왜?

왜 아픔이? 왜 불의가? 왜 어린아이들이? 왜 그렇게 이른 나이에? 왜 이런 방식으로? 왜 순수한 아이들의 존재가 주는 형용할 수 없는 기쁨이 견디기 힘든 고통으로 이어져야 하는가? 도대체 왜? 비록 우리가 알 수는 없지만 그럼에도 그것이 우리를 위한 어떤 것이라면, 왜 그렇게 고통스러워야만 하는가?

왜 나에게?

내가 무슨 나쁜 짓을 했길래? 내가 알지도 못하는 원인을 어떻게 내 안에서 찾으라고 하는 거지? 행여 내가 잘못했다고 치자. 그 상황을 뒤집기 위해 내가 할 수 있는 일이 아무것도 없다는 건가? 그리고 왜 나로 인해 죄 없는 어린 생명이 고통받아야 하는 거지? 그 점이 더욱 견디기 힘든 것 같아. 지금 나는 얼마 되지 않는 나약한 믿음마저 잃을 위험에 처해 있어. 결국 이 이야기의 요점은 뭐지?

하느님, 왜 저에게?

하느님, 저는 당신의 자녀가 아닌지요? 당신은 사랑의 하느님이 아니신지요? 당신의 사랑과 제 고난은 무슨 관계인지요? 어째서 당신의 채찍으로 저를 끌어당기려 하십니까? 설명할 수 없는 고통의 논리, 슬픔, 충격으로 인해 제가 믿음을 잃어버릴 위험이 어떻게 당신의 선의와 함께할 수 있는 것인지요?

젊은 연인이 있다! 서로를 안 지 그리 오래되지 않았다. 그들의 꿈은 서로 사랑하며 사는 것이다. 최대한 강렬하게! 더 풍성하게! 더 깊게! 이것이 삶이다! 단지 감미롭고 아름답기만 한 것이 아니라, 또한 힘이 있다. 자족에 머물지 않으며, 스스로에 갇히지 않는다. 아이를 낳아 자손을 늘리고 생명을 전파한다.

사랑에 취한 그늘은 결혼을 했다. 신혼은 매우 아름답고 행복하게 지나갔다! 부부는 서로 눈을 마주보며 모든 것이 순조롭게 풀려나가리라 확신한다. 그 어떤 먹구름도 자신들의 행복한 꿈을 가릴 것이라고 의심하지 않는다.

그들은 지금 아이를 기다리고 있다. 이 아이는 두 사람의 삶의 중심이자 꿈과 희망이 될 것이다. 아내는 임신 중이다. 너그러운 미소가 배어 나온다. 처음으로 그들의 사랑에 다른 누군가가 들어오는 순간이다. 아직 보이지는 않지만 사랑을 더해 주고 또 굳건하게 해 준다. 여성의 몸의 변화는 사랑으로 말미암아 태어나는 동시에, 사랑 그 자체를 낳는 새로운 삶의 징후를 확인시켜 준다. 눈으로 보지 않고도 체감할 수 있는 아주 작고 비가시적인 태아는 부모에게 똑같은 생명을 제공한다. 실제로 부부는 서로를 더 많이 사랑할 뿐만 아니라 또한 변화된 방식으로 사랑한다는 것을 발견하게 되며, 관계의 질은 향상된다.

아내는 이미 엄마나 다름없다. 그녀는 아기를 품에 안을 순간만을 기다린다. 이윽고 출산의 날이 찾아온다. 진통이 시작되고 새로운 생명의 기쁨, 가정에 피어나는 새로운 존재의 아름다움, 대체 불가능한 존재인 새 생명의 놀라움이 뒤따른다. 그 부부는 열 명의 아이를 낳을 수도 있을 것이다. 갓 태어난 아이는 그중 한 명이다. 기쁨, 불면의 밤, 근심, 돌봄, 포옹, 입맞춤, 놀이, 꿈의 나날들을 아이와 함께 지나 보낸다. 아이는 자라서 몸을 움직이고, 웃고, 말하고, 걷고, 처음으로 사고도 치고 그리고 학교에도 간다.

연대는 더욱 강화된다. 어떤 아이가 중병에 걸렸다는 소리가 들리고, 두려움이 연속해서 엄습한다. 미소는 희미해진다. 하지만 잠시뿐이다. 내면 깊숙한 곳에 있는 두려움은 우리의 영혼을 지배하고 마음의 상태를 특정한다. '아니야, 그럴 리가! 그런 일은 우리에게 일어나지 않을 거야. 병이 그 가정을 덮친 어떤 이유가 있겠지. 우리에게 같은 일이 벌어질 가능성은 거의 없어.' 그리고는 남아 있는 아주 작은 믿음으로 남몰래 십자성호를 긋는다. '만일 하느님께서 계신다면 우리를 내려다보실 거야. 그리고 다행히 심적으로나마 미리 간절히 청했으니 우리를 지켜 주실 거야. 게다가 하느님께서는 사랑이시잖아. 우리를 연민하지 않으시면, 최소한 순수하고 죄 없는 우리 아이는 불쌍히 여기실 거야.'

하지만 잘 놀던 아이는 어느 날 갑자기 현기증을 느끼거나, 아침에 시작된 고열이 며칠째 떨어지지 않거나 혹은 지속적으로 알 수 없는 통증에 시달리게 된다. 근심한다. 하지만 검사 결과 단순 바이러스 감염일 거라고, 최악의 경우 과거엔 심각한 병이었을지라도 오늘날엔 의술의 발달로 성공적으로 치료가 가능한 영유아 질환일 거라고 스스로를 위로한다.

며칠이 지났다. 기쁨의 맑은 하늘 위에 의사들의 검사 결과가 벼락처럼 연속해서 내리친다. 진단은 맛있는 해산물을 연상케 하는 이름이지만, 그것이 가진 집게발 중 하나는 우리의 정신을 옥죄고 다른 하나는 우리의 심장을 관통한다. 결과는 암이었다.* 우리가 탐욕스럽게 먹어 치우던 그것이 지금은 우리의 존재를 갉아먹게 된 것이다. 생각조차 하고 싶지 않다. 실감이 나지도 않는다. 불과 며칠 전에 우리는 하느님께서 당신의 작은 천사를 선물해 주신 것에 대해 감사하며 서로를 꼭 껴안았다. 하지만 오늘 우리의 포옹은 혹시 하느님께서 우리의 천사를 성급히 데려가시지나 않을까 하는 두려움에서 터진 눈물을 담는 그릇이 된다.

충격적인 진단 결과는 대답 없는 질문, '왜'라는 외침으로 이어진다. '하느님, 왜 저에게 이런 고통을? 죄 없는 이 어린애가 무슨 잘못이 있다고? 왜 다른 사람이 아닌, 제게 최고의 기쁨을 주는 우리 아이에게?

---

* 그리스어로 "암"을 뜻하는 단어 καρκίνος는 "게"를 뜻하는 고대 그리스어 καρκίνος에서 유래했다. 고대 그리스인들은 게의 집게발이 인간에게 해를 가하듯, 암이라는 질병이 인간의 신체에 해를 끼치고 삶을 힘들게 한다고 믿었다. 그래서 이 두 단어는 의미론적으로 연결된다.

왜 우리 아이가 아파하고, 힘들어하고, 고통받고, 묵묵히 어떤 의심도 없이 인내를 해야 하나요? 왜 저렇게 이른 나이에 장난감, 부모 형제, 우리의 꿈, 자신의 미래 그리고 이 세상을 포기해야 하는 위기에 처해야 하는지요? 왜 이 모든 일이 벌어져야 하나요? 왜 그 어떤 논리도 도움을 주지 못하고, 그 어떤 해석도 위로가 안 되며, 그 어떤 말도 힘이 되어 주지 못하고, 그 어떤 신도 이 아픔을 어루만져 주지 못하나요?'

이제 우리는 이 단계에서 벗어나 기적의 논리에서 피난처를 찾게 된다. '혹시 알아? 야이로 회당장의 딸과 나인의 과부의 아들을 그리스도께서 살려 내셨잖아. 가나안 여자의 병과 백인대장의 종도 치유해 주시고. 특히 하느님께서는 아이들을 사랑하시고 성인들에게 어린아이의 순수함을 닮아야 한다고 가르치시잖아. 그분의 사랑은 끝이 없어. 우리와 직접적인 관련은 없지만 수많은 기적들이 일어나고, 또 과거에도 그런 기적들이 있었으니 오늘날 우리 아이들에게도 기적이 일어나지 말란 법이 어디 있어? 하느님이 어떤 존재서? 그런 기적 하나 못 보여 주시겠어?'

하지만 스스로를 달래려는 우리의 이런 노력은 오히려 아픔만을 더한다. 기적은 그렇게 흔한 것이 아니기 때문에 기적이다. 만일 하느님께서 우리에게 기적을 보여 주신다고 해도, 그것 역시 부당한 것이 아닐까? 왜냐하면 일부는 그분의 은혜로운 호의를 누리게 되지만, 다른 이들은 그렇지 못하기 때문이다. 왜 어떤 이들은 그분께 영광을 드리고, 대다수의 사람들은 믿기 힘들 정도로 비천해져서 그분께 간절히 애원을 해야 하는 것일까? 또 만일 기적을 행하신다 해도 왜 모든 이를 치유하시거나 또는 대다수의 질병들을 없애서 그리 길지 않은 우리의 인생을 기쁨 속에서 평온하게 살 수 있게 하시지 않는 것일까? 혹시 우리를 고통스럽게 하려고 하느님이 계시는 건가? 아니면 하느님이 계시지 않기 때문에 우리가 고통받고 있는 걸까?

누군가는 우리에게 다가와서 하느님께서 우리를 사랑하시기 때문에 그런 시련도 허락하시는 거라고 위로 아닌 위로를 건넨다. 하느님께서는 왜 이런 말과 조언으로 우리를 위로하고 우리의 아픔에 답을 하는 그들을 사랑하지 않으시고, 어째서 오직 우리만을 사랑하시는 걸까? 왜 그들의 아이들은 근심 걱정 없이 웃고, 우리의 아이들은 창백한 얼굴로 약과 주사와 함께 살아가는 걸까? 왜 그들의 아이들은 웃고 장난치고 마구 뛰어다니는데, 우리 아이들은 선의의 거짓말과 치료를 잘 마치고 학교에 다시 나갈 수 있을 거라는 어리석은 희망에 속아 지내야 할까? 왜 그들은 아이들의 미래에 대한 꿈을 그리는데, 우리는 아이들의 미래와 전망을 생각하며 몸서리쳐야 할까?

만약 하느님께서 아이들은 더 이상 질병으로 인해 고통받지 않도록 결정하셨다고 가정해 보자. 그래도 여전히 하느님의 사랑과 신성이 성인(成人)들의 고통과 병행하는 것을 어떻게 이해하고 받아들여야 할까?

또한 삶은 왜 그렇게 비극적이어야 하는가? 왜 그대는 사랑하기를 두려워해야 하는가? 왜 자신을 내주는 것을 주저하는가? 왜 연결되기를 고민하는가? 사랑이 강렬하면 강렬할수록, 그만큼 이별의 아픔은 더욱 커진다. 감정이 깊으면 깊을수록 상처는 더 깊어진다. 이것은 진리다. 그렇다면 왜?

우리가 지금까지 이야기한 이 '왜'라는 질문이 바로 우리를 고통스럽게 하는 이유인 듯하다. 어떤 이들은 '왜'라는 질문은 하느님께 용납되지 않는 것이라고, 묻지 말라고 우리에게 조언한다. 바로 이런 우리의 죄가 어쩌면 우리 아이들의 고통에 대한 원인일지도 모른다.

하지만 '왜'라는 질문이 겸손하게 그리고 조용히 아픔과 함께 표현될 때, 이는 더 진솔한 우리 자신의 모습을 구현할 뿐만 아니라 또한 이 세상에서 가장 진실된 실존적 질문의 표현이 된다.

✜ 고통의 '축복'

축복된 질문 '왜'!

그리스도께서는 몸소 십자가 위에서 "나의 하느님, 나의 하느님, 왜 나를 버리셨나이까?"라는 질문을 던지심으로써 우리의 이 화두를 성화시키셨다. 하느님, 제가 당신께 어떻게 했길래 저에게 이런 일을 하셨습니까? 제가 당신의 아들이지 않습니까? 우리의 것과 한 치도 다르지 않은 주님의 이 질문 역시도 답을 얻지 못한 채로 남아 있다. 그러나 겉으로는 대답이 없는 것처럼 보일지라도, 사건들 속에서 그 답은 드러난다.

왜냐고 묻는 수많은 질문들은 대단한 위업을 이룬 욥의 입이나 상처 입은 다윗의 펜을 통해서도 등장한다. 그들은 역사 속에서 자녀들의 비극적인 죽음을 겪은 이로 기억되며, 우리에게 흔히 믿음, 끈기 그리고 인내의 표상으로서 소개된다.

우리는 하느님께 이 질문을 하고, 또한 스스로 자문하며, 각별히 우리를 사랑한다고 느끼는 사람들에게도 같은 물음을 반복한다. 주로 우리의 내면을 표현하기 위해서지만, 동시에 어떤 일말의 대답이라도 들을 수 있을지 모른다는 기대 속에서 질문을 던진다. 하지만 어느 누가 대답을 줄 수 있을까? 비록 그 답을 안다 해도, 누가 그것을 우리에게 말할 수 있을까?

고통은 사람을 너무 예민하게 만들어서 깃털조차도 견디지 못하는 눈처럼 만든다고, 대(大) 바실리오스 성인께서는 슬픔에 잠긴 아비에게 말씀하셨다. 이처럼 가장 부드러운 움직임조차도 고통받는 사람에게는 큰 아픔으로 다가온다. 아주 비슷한 상황의 신중한 비유일지라도 그를 온전히 위로하지 못한다. 합리적인 주장처럼 표현되는 말은 견디기 힘들만큼 그를 괴롭힌다. 오직 눈물, 침묵, 내적인 기도만이 그 아픔을 완화시켜 줄 수 있고, 어둠을 밝히거나 작은 희망의 불씨라도 만들어 낼 수 있다.

고통은 진실, 공감, 소통을 만들어 낸다

고통은 우리만 일깨우는 것이 아니라, 우리 주변 사람들도 사랑을 깨닫게 한다. 그들은 우리의 입장이 되어 보려 애쓴다. 안정된 상태에서도 전혀 달갑지 않을 우리의 감정을 공유하려 힘쓴다. 그리고 그것을 해낸다. 고통은 인내를 낳는다. 동시에 우리의 형제들과 사랑의 연결고리를 만들어 준다. 고통은 진실을 낳는다. 다른 이들에 대한 공감은 그 진실을 우리의 마음속에 심어 준다. 여기에 답이 숨겨져 있다.

이렇게 우리의 마음속에는 위안이 자리 잡는데, 그 감미로움과 안도감이 주는 경험은 고통의 무게보다 훨씬 더 강렬하다.

답은 우리 안에서 나온다

과학자들은 두 부모가 닮은 구석이 전혀 없는 자녀를 낳을 수 있다고 말한다. 우리의 외모가 서로 다른 만큼이나, 우리의 내면세계의 표현도 그렇게 다양하다. 이 엄청난 질문에 대한 답도 마찬가지다. 만약 어느 누군가가 마치 단 하나의 '올바른' 해답인 양 그것을 제시한다면, 그 답은 우리가 가진 답변의 다양성과 개별성을 훼손하게 될 것이다. 하느님께서 우리 각자를 위해 간직하고 계시는 성스런 답변 말이다. 지혜롭다는 자가 스스로 옳다고 생각하는 지혜는 우리 안에 있는 하느님의 진리와 자유를 짓누르게 될 것이다.

우리가 범하는 아주 큰 실수는 우리가 우리 밖에서, 다른 사람들로부터 답을 기다리는 것이다. 어느 지혜로운 자가, 어느 깨우친 자가, 어느 철학자가, 자신의 주장이 올바르다고 장담하는 어느 사제가 우리의 그토록 개인적인 '왜'라는 질문의 답을 알 수가 있단 말인가?

이 답은 오직 우리 안에서만 추적이 가능하다. 소위 유사하다는 경우에서조차 그 답은 찾아지지 않는다. 다양한 책 속에서도, 위로와 지혜의 지침서에서도 답은 보이지 않는다. 답은 어딘가에 있는 것이 아니고, 누군가가 알 수 있는 것이 아니다. 답은 우리 안에서 나오고, 우리의 그 답은 하느님의 선물이다.

고통은 인간의 기준에서 우리를 벗어나게 해 준다

궁극적으로 '왜'라는 질문에는 우리의 빈곤하고 나약한 자아가 기대하는 답이 없다. 이 물음은 인간이 가진 논리 안에서는 보통 대답 없는 상태로 남아 있다. 그리스도께서 죽음에 대해서 거의 말씀을 하지 않으신 이유이기도 하다. 단지 직접 죽음을 선택하시고, 비할 데 없는 수난을 겪으셨다. 그리고 부활하셨을 때는 숨을 더 많이 내쉬셨고, 말씀은 적게 하셨다. 생명과 죽음에 대해 아무 말씀도 하지 않으셨다. 그저 베드로의 순교를 예언하셨을 뿐이다. 고통은 논쟁으로 답해지는 것이 아니다. 불의나 죽음 역시 논리로 해결되는 것이 아니다. 이 문제는 오직 하느님께서 주시는 숨과 공기와 함께할 때 풀린다. 성령과 함께할 때 풀린다. 그토록 진실되지만 대개는 정말 이해되지 않는 하느님의 뜻을 겸손하게 수용할 때 풀린다.

시련을 겪는 중에는 대답 없는 질문들이 무차별하게 쏟아진다. 그리고 우리는 '혹시' '왜' '만약'에 얽매여 뭔가 확실하거나 안정된 것을 기대하면서 희망 속에 살아간다. 하지만 이것은 우리가 제시하는 해법에서 찾을 수 있는 것이 아니라, 뜻밖의 초이성적인 신의 위로에서 만날 수 있는 것이다. 하느님의 위로를 인간의 것으로 대체하려는 모든 노력은 우리 자신을 부당하게 대하는 것과 같다. 이성적 답변이라는 숨 막히는 구멍에 스스로를 가두는 일체의 행위는 우리의 비극에 더 깊은 수렁을 판다. 고통, 불의 그리고 죽음과의 대화에서 우리는 인간적인 기준을 벗어나야만 한다. 그럼으로써 우리는 시련에서 벗어날 수 있을 뿐만 아니라, 나아가 하느님의 은혜와 도움을 깨닫게 된다.

유일한 기회

궁극적으로 말해, 질문을 할 수는 있지만 그에 대한 대답을 우리는 기다려야만 한다. 하느님께서 존재하지 않으시거나 또는 우리에게 유일한 기회를 주시기 위해 시련을 허락하시는 것 중 하나일 것이다. 만일 십자가형이 없었다면 부활도 없었을 것이다. 그리스도께서는 하느님이 아닌 그저 한 명의 훌륭한 선생에 불과하셨을 것이다. 하느님께서는 기회를 주신다. 우리가 해야 할 몫은 그것을 보고 가치 있게 만드는 일이다. 이 기회의 내용과 기쁨은 시련의 고통과 그 강도보다 훨씬 더 크다.

죽음, 고통, 불의는 신비이다. 그 어떠한 대답도 그 신비를 방해할 뿐이다. 이 경우에 진실은 견해나 주장이 아니라, 겸손과 공동의 아픔으로 표현된다. 삶과 죽음, 스캔들과 찬양, 기적과 불의의 경계를 따라가는 여정은 진실이 확보된 삶의 곡절을 보여 준다. 만약 굴복의 유혹을 이겨 낼 수 있는 사람이 있다면, 그때 그는 한 번도 상상한 적이 없었던 관점으로 진실을 직시하게 될 것이다. 고통을 받아들일 수만 있다면, 그것은 전례 없는 예민한 감성을 제공하고 그 누구도 볼 수 없는 현실을 펼쳐 보여 줄 것이다. 우리에게 요구되는 것은 사건과 계시가 일어나도록 하는 것이 아니다. 사건과 계시는 존재한다. 우리의 도전은 그것을 직시할 수 있도록 눈을 뜨는 것이다.

보통 사람들은 자신이 가장 원하던 것을 잃었을 때 비로소 정말 큰 것을 깨닫고 또 얻게 된다. 안타깝게도 이것은 의심의 여지가 없는 진실이다.

고통과 불의가 하느님의 사랑을 없앨 수 없다는 것은 분명하다. 하느님은 존재하신다. 사랑이시고 생명이시다. 완전한 사랑이시고, 생명의 완성이시다. 그분 존재의 가장 위대한 기적은 고통, 불의 그리고 죽음과 공존하고 계신다는 점이다.

아마도 우리 각자에게 가장 큰 도전은 희망 어린 포옹으로 '왜'라는 깊은 질문을 단단히 붙잡는 것, 그리고 하느님께서 행하신다고 믿는 '불의' 속에서도 겸손하게 나 자신을 하느님께 맡기면서 동시에 스스로의 개인적인 고통과 공존하는 것이다.

오래전, 생의 등불이 꺼져 가던 한 젊은 여인이 나를 찾아온 적이 있다. 참을 수 없는 그녀의 고통 속에서 나는 어떤 희망을 보았다. 눈물 젖은 그녀의 눈망울에서 어떤 기쁨, 힘 그리고 지혜를 보았다.

"신부님, 살고 싶어요. 하지만 제가 신부님께 제 마음을 확인받으러 온 것은 아닙니다. 제가 찾아온 이유는 준비를 잘 마치고 이 세상을 떠날 수 있도록 도움을 주실 수 있을까 해서입니다."

그녀가 내게 말했다.

"나는 생명을 주는 신부이지, 죽음을 주는 신부는 아닙니다. 그렇기 때문에 나는 그대가 살기를 원합니다. 그런데 그대에게 한 가지 묻고 싶은 것이 있습니다. 혹시 시련 속에서 '하느님, 왜 저에게?'라는 질문을 해 본 적이 있나요?"

내가 그녀에게 물었다

"신부님, 무슨 말씀이신지 모르겠어요. 저는 이렇게 묻는답니다. '하느님, 왜 제가 아닌지요?' 그리고 저는 저의 죽음을 기다리지 않는답니다. 하느님께서 저에게 빛을 비추어 주셔서 제가 영적 깨달음을 얻게 되길, 영적 눈이 뜨여서 하느님을 알게 되길 저는 기다리고 열망한답니다!"

제2부

죽음에서 생명으로

✧ 떠나는 이 곁에서

"그것은 죽은 자들 가운데서 다시 살아나신 그리스도께서 다시는 죽는 일이 없어 죽음이 다시는 그분을 지배하지 못하리라는 것을 우리가 알고 있기 때문입니다." (로마서 6:9)

암은 감당하기가 몹시 힘든 질환이다. 병에 걸린 환자는 물론이고 그의 가족과 지인 모두의 영육을 말 그대로 갈갈이 찢어 피폐하게 만들 뿐만 아니라, 의료진과 사회 전체에도 큰 부담을 주기 때문이다. 암센터에서 일하는 사람들은 매일 매 순간 다양한 암 환자들이 생사의 갈림길에서 저마다 치열하게 싸우는 모습을 곁에서 지켜본다. 그들은 인간의 본성이 극한의 고통, 극도의 불안으로 인해 절대적으로 쇠약해진 상태, 즉 극단적인 상황과 한계의 순간에 직면한 사람들을 본다.

죽음의 공포

죽음은 그 상태로서 참혹하다. 결과로서의 죽음은 이해가 되지만, 그 본질, 원인, 방식 그리고 그로 인한 결말의 여파 면에서는 이해가 되지 않는다. 우리는 살아가면서 누군가가 죽었을 때 '그를 잃었다'고 말한다. 가족 중 누군가가 영원히 이 세상을 떠났을 때, 우리는 일상에서 사용하는 단어로 '상실'이라고 표현한다. 죽음은 되돌릴 수 없는 '끝', 결정적인 '이별'처럼 받아들여진다. 죽음의 색은 검정이다. 죽음의 표현에는 아픔, 눈물, 슬픔, 의문이 있다. 죽음의 행로는 무(無)를 향하거나 또는 기껏해야 우리가 알지 못하는 곳이다. 종교만이 죽음 이후의 삶을 이야기한다. 그리고 그리스도교만이 부활을 말한다. 교회만이 사후의 영광, 지복 그리고 안식에 대해 이야기한다. 축일로 지정해 기념하고, 그것을 널리 선포한다. 요점은 우리 각자가 그것을 어떻게 사느냐이다.

이 모든 상황 속에 매우 비극적인 것이 존재한다. 만약 죽음이 진정 생명으로 이어진다는 것을 믿지 않는다면, 사랑이 깊으면 깊을수록 이별의 아픔은 더욱 클 수밖에 없다. 그것은 계속해서 의견을 달리하는 두 사람이 헤어지거나, 서로 적대적이거나 미워하는 사람들이 갈라서고, 깊이 사랑하던 연인들이 이별하는 그런 헤어짐과는 다르다. 우리 삶 속의 분명한 죽음의 존재는 우리로 하여금 사랑을 두려워하게 만들고, 사랑에 우리 자신을 온전히 내맡기는 것을 주저하게 한다.

한 청년이 죽으면, 한편으로 드물게 벌어지는 사건이라서, 또 다른 한편으로는 그에 대해, 그의 미래에 대해 우리가 가졌던 멋진 꿈이 사라졌다는 사실로 인해 큰 충격을 받는다. 또 한 노인이 죽으면 회상, 경험,

삶의 자취, 과거로 가득한 삶의 소멸이 우리를 압도한다. 시간을 길게 끄는 죽음은 우리를 지치게 하고, 급작스러운 죽음은 우리를 경악케 한다. 한 개인이 죽으면 우리는 그 한 사람을 추모하며 고통스러워하지만, 대규모의 사망자가 발생하면 사회 전체가 충격에 빠지게 된다. 어떤 형태건 간에 죽음이 씁쓸한 것만은 틀림없다.

사랑하는 사람과의 최종적인 이별, 미지의 세계를 향한 떠나감, 마지막이라는 위협적인 상황은 양쪽 모두를 다 힘겹게 한다. 모습, 목소리, 신체적인 접촉, 생기 넘치는 소통과 대화가 오직 기억과 환영으로 대체된다는 사실은 위로는커녕 이별의 상처를 더욱 깊게 만들고, 실존적 질문을 낳는다.

죽음의 도래는 보편적이고 어떤 예외도 용납하지 않는다. 또한 무자비하다. 지식도, 기술도, 세속적인 힘도, 무소불위의 경제력도, 심지어 기적도 죽음을 가로막지 못한다. 이 모든 것은 죽음의 형태를 약간 바꾸거나 때로는 그것을 조금 지연시킬 수 있을지는 몰라도, 죽음의 절대적인 힘에 맞선다는 것은 불가능하다.

고독의 비극

아리스토텔레스는 "인간은 사회적 동물이다"라고 말했다. 우리는 사회적 존재이다. 우리는 서로를 필요로 하며, 어울려 살아가길 원한다. 그러므로 사랑과 연대는 호혜, 소통, 형제애를 강화시키기에 훌륭한 덕이다. 교회는 우리를 형제자매라고 명명한다. 왜냐하면 같은 자궁에서 나왔기 때문이다.* 우리의 결속을 파괴하는 모든 것은 우리에게 일어날 수 있는 최악의 일이다. 고독, 소통의 부재는 고문, 지옥 그리고 비극이다. 그것은 또 하나의 죽음, 아주 느린 죽음이다. 그것은 죽음이 그러하듯 우리 존재를 관통한다. 유일한 차이점은, 고독은 인간의 희망이 함께할 수 있는 반면에 죽음에 대한 생각은 그렇지 않다는 것이다.

고독을 경험할 때, 그대는 붙잡을 데라고는 없는 무너지는 절벽에 서 있는 느낌을 받게 될 것이다. 숨이 막히는데 들이마실 공기 한 점 없는 느낌, 어둠 속에서 미친듯이 헤매는데 불을 붙일 성냥개비 하나도 찾을 수 없는 그런 느낌을 받을 것이다. 색깔로 친다면 고독은 검정으로 표현된다.

그러므로 죽음에 임박하여 외로움을 느끼는 것은 가장 고통스러운 상황 중 하나이다. 특히 격렬한 육체적인 고통과 정신적인 고뇌가 동반될 때 더욱 그렇다. 이 모든 것은 말 그대로 인간 존재를 비참하게 만든다.

질환이자 위협으로서의 암

암은 그것을 언급하는 것만으로도 주변 분위기가 달라진다. 부당하게 들릴 수도 있지만, 암은 일반적인 질환과는 다른 병을 가리킨다. 그도 그럴 것이 어떤 독특한 특징들을 가지고 있기 때문이다.

먼저, 통계적으로 암은 사망 위험이 높다. 그로 인해 환자는 희망을

---

* 정교회에서는 세례조를 교회의 자궁이라고 설명한다. 아기가 어머니의 자궁에서 태어나듯이, 교회의 예비신자들은 세례조에서 세례 성사를 받음으로써 영적으로 새롭게 태어나기 때문이다.

잃고, 낙관적으로 생각하기가 쉽지 않다. 환자가 자신의 상태를 인지하는 경우, 본인은 물론이고 그 주변 사람들 또한 죽음이 머지않았다는 생각을 곧이어 하기 시작한다. 아마도 이런 이유로 암은 그 예후가 좋든 나쁘든 상관없이, 보통 당사자에게조차 비밀에 부쳐지는 몇 안 되는 병 중의 하나이다.

항암 치료는 매우 고통스러우며 오랜 시간 지속된다. 인내와 끈기를 요하고, 흔치 않은 힘과 용기를 필요로 한다. 불안, 무력감과 함께 육체적이고 정신적인 고통이 수반된다. 대부분의 질환에는 해당되지 않는 것들이다.

게다가 통계적인 반박에도 불구하고, 세상의 일반적인 인식과 경험에서 항암 치료 요법은 궁극적인 치료라기보다는 죽음을 잠시 지연시키는 것에 불과하다. 이것이 환자를 회의하고 비관하게 만든다.

암은 또한 통상적으로 그 진행이나 재발이 의학석 지식이나 어떤 예방적 차원에 달린 질병이 아니다. 대부분의 경우 궁극적인 결과를 예측할 수 없고, 또 개인마다 편차가 심하기도 하다. 암을 예방하기란 쉽지 않은 일이고, 암 진단도 종종 잘못된 것으로 판명 날 때가 있다.

암이 진행되면 항암 치료로 인해서 탈모, 무기력, 어지러움, 구토와 같은 심각한 부작용이 뒤따른다. 제시되는 치료법은 살기 위해서는 먼저 죽어야만 하는 게 아닐까 하는 의문을 불러일으킬 정도다. 암은 서서히 그대를 약해지게 하는 것이 아니라, 지인들도 알아보지 못할 만큼 완전히 변화시킨다.

암 환자의 눈빛은 특징적이다. 작은 희망에 목마른 간절한 눈빛, 지푸

라기라도 잡고 살고 싶어 하는 애절한 눈빛이다.

　마지막으로, 이 병은 '왜' '혹시' '어떻게 하느님께서 그것을 허락하실 수 있지?' '하느님은 어디에 계시는가?'와 같은 잔인하고 고통스러운 질문에 대해 고민할 수 있는 충분한 시간을 제공한다. 동시에 기도 ― 만일 들으시는 하느님이 계시다면 ― 에 대한 강렬한 열망을 불러일으키거나 혹은 하느님에 대한 불평불만을 쏟아내게 하는데, 이는 인정하건 하지 않건 간에 종종 의식적 갈등을 불러온다.

암으로 인한 사망

　질병으로서 겪는 암과, 그를 넘어 사망에까지 이르게 하는 암은 유사한 특징을 가진다. 두 경우 모두에 해당하는 주요 특징은 고통스럽고 힘든 '기간'을 거치게 된다는 것이다. 환자는 하나의 과정처럼 죽음을 겪는다. 갑작스러운 죽음이 아니다. 그는 암의 모든 순간을 살아야 하고, 전보다 더 악화된 순간을 매번 맞이해야 한다.

　이는 육체적인 쇠약과 함께 상황을 악화시키는 생각을 불러일으킨다. 삶의 끝을 생각하거나 자신 앞에 희망 없는 어두움만이 남아 있음을 본다. 그리고 무너져 내린다. 목을 점점 조여 오는 죽음과의 대화는 지속되는 고통의 요소를 더욱 가중할 뿐이다.

　암으로 인한 사망에 이르는 과정에는 견디기 힘든 고통, 시달림, 병변으로 흉측해진 모습 그리고 앞서 언급했던 모든 것이 수반한다. 그렇게 환자의 인내력과 정신력은 점차 약해진다. 신경계는 병과 고통에 의해 쇠약해지고, 이는 심리적인 붕괴를 재촉한다.

마지막으로 그의 주변 사람들도 이런 상태에 놓인 환자를 지켜보고 또 그 마지막을 떠올리는 것이 견디기 힘들 만큼 괴롭다. 환자에게 거짓된 위로의 말을 건네 보지만, 환자는 그것을 꿰뚫고 있거나 아니면 선의로 모르는 척 가장한다. 이렇게 그들은 환자와의 만남을 점점 기피하게 된다.

　다시 정리해 보자면, 인간의 본성에 비추어 가장 힘든 단계에서 환자 역시도 어려움을 직면하고 심각하게 약해진다는 것이다. 그 결과 환자는 스스로를 고립시키고, 주변 사람들은 그에게 어떤 말을 해야 할지, 또 무엇을 해야 할지 몰라 당황한다. 그리하여 곧장 또는 슬그머니 그와 멀어지고, 환자는 자신이 혼자라는 느낌을 받게 된다.

죽음의 고독은 어떻게 극복될 수 있을까?

　이러한 상태에서 환자는 출구가 없음을 느낀다. 그는 절망 기운데서 작은 도움을 찾는다. 그렇다면 홀로 맞는 마지막의 비극은 어떻게 극복될 수 있을까?

　한 가지 방법은 내면에서, 자기 자신으로부터 힘을 끌어 내는 것이다. 또 하나의 방법은 다른 사람들, 즉 가족이나 친구, 의료진, 그밖에 다른 이들이 환자에게 용기와 힘을 불어넣어 주는 것이다.

　하지만 환자가 거의 무너진 상태인데 어떻게 자기 자신에게서 힘을 끌어 낼 수 있단 말인가? 생명이 언제 꺼질지도 모르고 자신의 미래가 어둠 속에 있는데 어떻게 그게 가능하단 말인가? 곧 헤어지게 될지 모를, 힘들어하는 주변 사람들로부터 힘을 얻을 수 있단 말인가? 잘 치료

되어 나을 거라는 반복된 거짓말에 힘이 생긴단 말인가?

또 가족과 친구들은 환자를 어떻게 격려할 것인가? 환자의 현재 상태가 모든 것을 보여 주고 있는데, 다 잘 될 거라는 말이 격려가 되겠는가? 사랑한다는 말로 위로가 되겠는가? 죽음 후에는 함께 옆에 있어 주고 용기를 북돋워 주는 이런 사랑의 행위들이 중단되고 아무런 유익을 주지 못하게 되니, 이 말은 어쩌면 최악의 위로가 될 수도 있다. 그렇다면 '뭐, 어쩌겠어? 이것이 우리의 운명인데'라고 말할 것인가? 그의 억장을 무너트릴 말이다. 농담을 던지고, 대화 주제를 바꿔 보고, 거짓 위로의 말을 건네고, 마음 편한 척하고 있을 것인가? 하지만 그것은 아주 잠깐 동안의 위안이 될 뿐이다.

의료진들도 마찬가지다. 환자에게 어떤 위로의 말을 할 수 있겠는가? 새로운 치료법을 시도해 볼 것이라고 말할 텐가? 하지만 이미 할 수 있는 것은 다 해보지 않았는가? 모든 증상들은 부작용으로 인해 나타나는 것이지, 병의 악화로 인한 것은 아니라고 할 것인가? 그 말을 믿을 환자는 없을 것이다. 최선을 다했지만 더 이상 어쩔 방도가 없다고 할 것인가? 그때 환자는 완전히 절망에 빠지고 말 것이다.

우리가 그를 돕기 위해 할 수 있는 가장 최선의 행위는 병마로 고통받는 그에게 진심 어린 사랑을 쏟으면서 진실을 말해 주는 것이다. 진실 없는 사랑은 의미가 없다. 또 사랑이나 인간애가 없는 진실도 의미가 없다. 이 두 가지는 환자에게 안도감을 줄 것이고, 신뢰를 갖게 할 것이다. 필요한 것은 오직 진심 어린 마음과 판단력이다.

사랑은 '선행'의 요소가 아니라, 온 마음을 담은 지지를 보여 주는 것이다. 환자는 그 순간 눈물이나 달콤한 말과 같은 과한 감정이 아니라, 관심과 지지, 이해, 진심 어린 동참, 희망으로서의 약간의 빛, 약간의 안식 그리고 약간의 사랑을 원할 뿐이다. 사랑에는 강인함과 안정감이 있어야만 한다. 그래야만 힘을 북돋워 줄 수가 있다.

그러나 진실을 말하기 힘들어하는 것은 우리의 나약함의 요소이다. 환자는 그것을 인지한다. 만일 우리가 이 상황을 감당할 수 있다면, 만일 우리가 우리의 개인적인 문제와 씨름할 때와 같이 이 상황에 대처할 수 있는 정신적이고 영적인 힘을 가지고 있다면, 그때 우리는 분별 있게 그리고 지혜롭게 진실을 밝힐 수 있는 여지가 있을 것이다. 오직 진실만이 신뢰를 얻을 수 있다. 거짓으로는 결코 얻을 수 없다.

다른 한편으로, 진실을 말하는 목적은 환자에게 의학적인 문제들에 대해 정확하게 설명하려는 것이 아니라, 그를 우리의 형제처럼, 이웃처럼 여기고 정신적으로 지원하기 위함이다. 분명한 것은 노골적인 거짓말은 해를 자초할 뿐이라는 점이다. 그런데 진실에 대한 가혹한 표현도 그 위험이 적지 않다. 가장 좋은 것은 환자에게 약간의 건설적인 희망이 될 수 있는 실질적이고 긍정적인 면을 이야기하는 것이다. 나름의 어려움이 있는 것은 사실이지만, 우리 모두 희망을 가지고 노력할 것이라고 말할 수 있다.

묵묵히 그리고 진득하게 곁을 지키면서 따뜻한 말을 건네면 분명 환자는 깊은 신뢰를 갖게 되고 고독하다는 느낌도 덜 수 있을 것이다. 또 솔직하고 진심 어린 마음으로 대하는 것, 이는 죽음과 맞대면 중인 사람과 나눌 수 있는 가장 따뜻한 포옹이다.

우리를 초월하는 신비

우리 스스로와 다른 이들을 도울 수 있는 두 번째 방법은 우리가 우리를 초월하는 어떤 신비 앞에 서 있음을 느끼는 것이다. 우리에게 그것을 이해할 만한 지식이 없고, 그것을 견딜 만한 정신적인 힘도 부족하며, 그것을 막을 도리도 없는 그런 신비 말이다.

고통의 신비 앞에서

왜 누군가는 그렇게 아파야만 하는가? 왜 그의 아픔을 덜어 줄 사람이 아무도 없는가? 누가 그의 정신적인 고통을 거두어 줄 수 있는가? 어떻게 이 고통이 소위 말하는 하느님의 사랑과 병존할 수 있는가? 왜 지목된 대상만이 고통을 겪는 것인가? 왜 우리는 그것을 예견하고 방지하지 못하는가?

임박한 죽음의 신비 앞에서

마지막 숨을 거둔 후에는 무슨 일이 일어나는가? 미래가 있다면 왜 우리의 미래는 보이지 않는가? 죽음이란 결국 무엇인가? 이곳에서의 삶과 어떻게 연결되어 있는가? 만일 모든 것이 무(無)로 돌아간다면 최고의 삶, 최고의 행복이 무슨 가치가 있는가? 만일 우리의 이별이 결정되어 있다면, 사랑은 어떤 면에서 우리에게 도움이 되는 것인가?

삶과 사랑이 가장 큰 선물이라면 그때 죽음은 가장 큰 상실이 된다. 여기서 가장 비극적인 점은 전자는 단지 하나의 가정인 데 반해, 후자는 의심의 여지가 없는 사실이라는 것이다. 그런데 여기서 사후 세계가 영원하고, 그것이 하느님과 강력하고도 완전한 관계를 맺거나 아니면 하느님과의 의식적인 단절, 완벽한 단절을 경험하는 것이라고 가정해 보자. 그렇다면 사후 세계는 왜 우리에게 미지의 것으로 남아 있어야만 하는 것일까? 왜 더 직접적으로 접근할 수 없는 것일까? 죽음의 진리가 이해할 수 있는 것이라면, 왜 그 길로 가는 문은 이토록 꼭꼭 숨겨져 있는 것일까? 왜 우리는 우리의 죽음이 언제 닥칠지도 알 수 없는 것일까? 죽음이 그토록 확실하고 피할 수 없는 것임에도 그것이 어떤 방식으로 찾아올지 속수무책으로 알 수가 없는 것일까?

세상과 삶의 신비 앞에서

우리는 결국 어떤 세상에서 살고 있는가? 만약 우리가 무(無)라는 바닷속에 우연히 던져진 먼지 같은 존재라면 우리의 현재, 지식, 기술, 사회, 역사가 무슨 가치가 있는가? 생명 그 자체가 왜 선(善)으로 여겨져야 하는가? 그리고 이것을 과연 누가 증명할 수 있단 말인가? 과학? 지성? 우리의 어떤 능력? 은사를 받은 특별한 사람?

개개인과 그들이 가진 역사의 신비 앞에서

우리와 대화를 나누고, 자신의 풍부한 내면세계를 표현하고, 독창적으로 개성을 드러내고, 이야기를 써 내려가고, 힘과 생명이 넘치던 사람이 지금 침대 위에 앙상한 모습으로 누워 곧 영원한 침묵에 빠지리라는 것을 어떻게 받아들여야 하는가? 그의 은사, 그의 투쟁, 그의 영적인 업적들, 우리의 가슴속에 새겨진 그의 사랑과 그의 모습이 이렇게 끝난다는 것을 어떻게 이해할 수 있단 말인가? 이것들이 썩어 없어질 물질적인 것들과 같은 운명을 맞아야 한단 말인가? 그의 육체처럼 사라져야 하는 것인가? 만약 그렇지 않다면, 결국 그로부터 남는 것은 무엇인가? 살아 있으며 훼손되지 않을 그의 남은 일부분과, 우리는 어떻게 하면 제대로 된 소통을 할 수 있을까?

의심의 여지 없이 우리는 한 신비 앞에 서 있다. 우리는 명백한 답, 아니 최소한 쉬운 답도 갖고 있지 못하다. 답은 존재하지 않거나 아니면 우리가 알지 못하는 어떤 것이다. 상황은 우리를 초월한다. 답을 아는 현자나 또는 그것을 포착해 우리의 머릿속에 채워 줄 수 있는 영민한 사람은 존재하지 않는다. 뭔가 다른 일이 이루어져야만 한다. 다른 장소에서 우리의 위로와 깨달음을 구해야 한다. 우리는 그저 우리가 경험하는 것이 우리를 초월하는 어떤 것임을 인정하는 것으로 충분하다.

신비는 우리의 이성을 요구하지 않는다. 다만 우리의 겸손하고도 분별 있는 침묵을 기다린다.

떠나가지만 영원에 대한 전망을 가진 이의 곁에서

결국, 죽음의 침상에서 스러져 가는 순간에 자기 안에서 스스로를 돌볼 수 있는 힘을 발견할 수 있는 사람은 아무도 없다. 삶을 사는 동안에는 없다가, 그것이 끝나가려 할 때 느닷없이 나타나서 도움을 주는 힘은 인간에게 없다. 수도사들의 삶을 기록한 책에 따르면 기도 속에서 한평생을 보낸 위대한 수도사들, 명성이 자자했던 수도사들마저도 생의 마지막 순간에는 기도할 힘조차 없을 정도로 기력이 쇠했다고 한다.

할 수 있는 것은 오직 자신 안의 믿음을 붙들고 있는 것뿐이었다. 당시는 지금과 같이 의술이 발달하여 암 환자들도 오래 생명을 유지하는 그런 시대가 아니었기 때문에 사람들은 일찍이 세상을 떠났다. 오늘날엔 평균수명은 길어졌을지 모르지만 불행하게도 고통 속에서 괴로워하는 시간 또한 그만큼 늘어났다.

우리가 참된 사랑의 마음으로 환자 곁을 지킬 때, 그는 비참한 고독에서 벗어나 큰 위안을 얻게 된다. 또 우리가 다른 이들의 아픔에 공감할 때, 그들의 불안, 고통, 요구를 우리 자신의 것처럼 여길 때, 우리는 '다 잘 될 거야' '아무것도 아니야' '며칠 후에 이런 걸 해보면 어떨까?' '견뎌 내야지' 등과 같은 지루하고 어리석은 말들을 줄이게 된다. 그리고 의무나 심리적인 위로가 아닌, 납득할 만한 존경의 표현으로서 우리의 사랑을 드러내게 된다.

하지만 아무리 순수하고 진정성 있는 사랑이라 할지라도, 사랑 홀로 죽음의 쓰라림을 무디게 하기에는 충분치 않다. 중요한 것은 떠나는 사람 곁에 위엄을 갖추고 서 있는 것이 아니다. 진짜 중요한 것은 환자는 떠나갈지라도 그의 삶이 끝난 것은 아니라는, 그가 영원에 대한 전망을 지니고 있다는 확신과 함께 그 곁을 지키는 것이다.

신비는 존재한다. 하지만 죽음의 순간을 맞는 환자에게 그것에 대해 알려 주라고 존재하는 것은 분명 아니다. 신비는 한편으로는 우리가 겸손하게 경외의 마음으로 침묵을 지키게 하기 위해 존재하고, 다른 한편으로는 하느님에 대한 믿음으로 우리를 이끌어, 마침내 그 믿음으로써 죽어가는 이에게 희망을 불어넣도록 하기 위해 존재한다. 믿음은 하느님의 '선물'이다. 믿음은 하느님께서 주시는 것이다. 그리고 희망은 우리가 전하는 것이다. 따라서 믿음의 진리에 대한 확신이 우리 안에 있음을 고려할 때, 우리는 믿음의 희망을 전할 수 있고 또 전해야만 한다.

정교회는 부활의 교회로 불린다. 그 신학과 삶의 중심에 죽음을 멸하고 승리한 사건, 그리스도의 부활이 자리하기 때문이다. 우리가 부활절 밤에 수도 없이 부르는 부활의 찬가 "그리스도께서 부활하셨네. 죽음으로 죽음을 멸하시고 무덤에 있는 자들에게 생명을 베푸셨나이다"는 죽음은 끝이 아니라 또 다른 삶, 더욱 신성한 상태로 옮겨가는 것이라는 점을 분명하게 강조하면서 "무덤 안에" 있는 이들의 생명에 대해 이야기 한다.

죽음으로 모든 것이 끝나는 게 아니라는 느낌, 이어지는 생에 대한 굳건한 믿음, 하느님과의 만남에 대한 확신은 죽음을 끔찍한 사건이 아닌 갈망하는 것으로, 인간의 고독한 경험이 아닌 하느님의 현존을 인식하는 것으로 변화시켜 준다. 만약 환자의 가족이 이런 믿음을 가지고 있다면 그는 환자에게 그 믿음을 수혈해 줄 것이고, 환자가 그러한 믿음을 가지고 있다면 그는 그의 주변 사람들에게 그 믿음을 전해 줄 것이다. 믿음을 가진 자는 자신의 주변과 소통하며 따뜻한 기운을 만들어 내고, 죽음에 삶의 희망을 불어넣는다.

그러므로 우리는 세상을 떠나는 사람 곁에서 겸손한 태도로 최소한의 말만 하며 침묵하는 가운데 은밀하게 기도에 집중해야 할 것이다. 우리는 그의 곁에 있는 것이 아니다. 그와 함께 있는 것이다.

사람이 혼자 죽을 수 있는지에 대한 물음의 답은 다음과 같다. 우리는 누군가를 죽게 방치해선 안 된다. 외로이 홀로 죽게 내버려 두는 일은 더더욱 있을 수 없다.

✧ 천사들은 어디로 가는가?

영원에서 사는 의인들 (지혜서 5:15)

    죽음, 특히 어린아이의 죽음을 생각하면 무지한 이들을 계몽하는 사람이라도 되는 것마냥 위로의 말을 건네는 것이 얼마나 힘이 드는 일인지 모른다.

    그런 상황에서 생각을 하거나 말을 하기란 정말 어렵다. 대신에 다른 이들의 삶에서 배움을 얻는 것은 아주 현명한 일이다. 엄청난 고통을 겪는 이들의 삶, 열심히 투쟁하는 이들의 삶, 믿음으로 버티는 이들의 삶, 자신의 능력과 인내력의 경계에서 끊임없이 외줄을 타는 이들의 삶, 아니면 적어도 고통받는 아이들에게 건강과 생명을 주고자 실제로 고군분투하는 이들의 삶, 또한 살아남고자 발버둥치는 그 부모들에게 진정한 희망과 마땅한 위안을 주는 이들의 삶으로부터 말이다.

쓰라린 현실

아이의 고통보다 더 큰 고통은 없다. 고통받는 아이를 지켜보는 것, 부모로서 아이에게 실질적으로 아무런 도움이 되지 못한다는 것, 그리고 아이가 병에서 완전히 회복되었다는 확신을 가질 수 없는 것보다 더 큰 시련은 없다. 특히 아이가 무던하고, 예의 바르고, 티 없이 순수할 때는 더욱 그렇다. '왜?' '우리는 어떤 세상에서 살고 있지?' '우리의 시련은 누구 책임이지?' '갑작스레 찾아온 병마로 아이들이 누려야 하는 기쁨이 말로 다할 수 없는 고통으로 바뀌어 버렸다. 어떤 도덕, 어떤 논리, 어떤 법이 그것을 설명하고 규정할 수 있지?'와 같은 질문들은 '결국 괜찮아질까?' '우리가 뭘 해야 하지?' '혹시 외국으로 가야 하나?'와 같은 가장 평범하고도 인간적인 질문들과 뒤얽혀 감내하기 힘들 만큼 고통스러운 상태, 막다른 골목에 몰려 있는 느낌을 유발한다. 그때 희망은 대개 속절없이 부서져 버리지만, 그렇다고 마음속에서 완전히 사라지지는 않는다.

우리는 모든 노력을 기울인다. 훌륭하다는 의사들을 찾아다니고, 아이에게 더 많은 사랑을 주고, 더 굳건한 희망을 가지고 살아가려 애를 쓰고, 더 열심히 기도하고, 가까운 지인들과 능력 있는 친구들에게 도움을 청한다. 하지만 그러는 와중에 어느 순간 우리의 모든 노력을 수포로 만드는 무자비한 현실이 찾아온다. 우리의 희망과 함께 무엇인가 좋은 것, 진실한 것, 믿을 만한 가치가 있는 것, 전적으로 의지할 수 있는 것에 대한 우리의 믿음을 무너뜨린다.

결국 아이는 세상을 떠났다. 아이는 이제 곁에 없다. 그 눈빛이 그리워지고, 냄새를 맡거나 만질 수 없다는 것이 아픔으로 느껴진다. 아이를 쓰다듬거나, 입을 맞추거나, 품에 꼭 껴안거나, 얼굴을 맞대거나 하지 못하는 것이 마치 스스로의 죽음을 경험하는 것처럼 다가온다. 살고 싶은 생각이 들지 않는다. 아이의 목소리, 미소, 얼굴 표정, 애교의 부재는 우리의 마음을 아프고 쓰리게 한다. 그 빈자리는 채워지지 않는다. 다른 자식들마저도 그 자리를 채우지 못한다. 그 아이들의 잘못이 아니다. 그렇다고 우리가 그 아이들을 더 적게 사랑하는 것도 아니다. 우리 아이들 각자는 대체될 수 없는 존재이고, 응당 우리의 섬세한 감정과 사랑으로 가득한 마음을 차지한다.

많은 사람들이 찾아와 진심 어린 애정을 담아 위로의 말을 건넨다. 우리의 생각과 마음을 남은 삶으로 다시 돌려놓기 위해서, 어둠의 심연에 갇힌 우리에게 작은 불빛이라도 비춰 주기 위해서 많은 이야기를 펼쳐 놓는다. 우리는 그들이 보여 주는 사랑과 관심 그리고 지원에 감사를 표한다. 하지만 우리가 짊어진 짐의 무게는 더 무거워지는 것 같다. 이 모든 것 가운데 우리의 비극을 치유해 줄 수 있는 것은 아무것도 없다. 우리에게는 뭔가 다른 것이 필요하다. 우리의 세상 전체가 이전과는 달라져 버렸다. 우리 내면의 지평선은 모두 어둠에 갇혔다. 우리는 어딘가 다른 곳에서 희망의 실마리를 발견해야 한다. 기대어 버틸 수 있는 작은 지지대를 어떻게든 찾아야 한다. 그렇게 우리는 허상과 진실 사이를 오간다.

어떤 이들은 살아생전의 우리 아이를 천사라고 불렀다. 그 존재의 사랑스러움과 감미로운 아름다움을 강조하고 싶었기 때문이다. 하지만 이제 그들은 그 표현을 다른 의미로 사용한다. 혹시 스스로를 위로하고자 그렇게 부르는 것일까? 혹시 우리를 격려하기 위해서일까?

아니면 혹시 천사처럼, 우리 눈에 보이지는 않아도 살아 있다는 것을 일깨워 주기 위해서일까? 혹시 세속적이고 물질적인 이곳보다 더 나은, 더 고결한 삶으로 이동해 갔음을 일깨워 주기 위한 걸까? 아이가 우리를 지켜보고, 우리와 은밀하게 소통하고 있음을 일깨워 주기 위해서일까? 지금 아이가 인간 본성적 욕구만 충족시키는 상태에 있는 게 아니라, 하느님에 더 가깝다는 것을 일깨워 주기 위한 걸까? 시간의 옷을 벗고 영원의 옷을 입었다는 것을 일깨워 주기 위한 걸까? 타락의 사슬에서 벗어나 "고통도 슬픔도 한숨도 없"고 생명이 끝이 없는 세상에서 살고 있다는 것을 일깨워 주기 위한 걸까?

사람들은 아이가 하느님 곁에 있다고 말한다. 그걸 어떻게 아는 걸까? 어떤 지식을 갖고 있는 걸까? 그걸 느끼는 걸까? 혹시 상상하는 걸까? 아니면 우리를 위로하기 위해 하는 말일까? 결국 무슨 일이 벌어지는 걸까? 무엇이 진실일까? 아이가 살아 있고, 우리 곁에 있던 때와는 비교도 되지 않을 만큼 양호한 상태이고, 어떤 식으로든 우리와 소통을 하고 있고, 그리고 우리를 보고, 듣고, 우리가 무엇을 하는지까지 지켜보고 있다는 느낌을 우리는 정말 간절히 바란다! 아마도 아이와 우리와의 관계는 아이가 살아 있었을 때보다 더욱 돈독할 것이다. 이전보다 더욱 서로 가까워졌을 것이다. 아이는 실제로 안식을 누리고 평안할 것이다. 아이와 함께한 우리의 사랑은 강렬했지만 인간적이었고, 한계가 있었고, 끝이 있었다. 이제 우리의 관계는 비밀스러워질 것이다. 아이와의 유대는 영적으로 접근할 때에만 펼쳐지는 세상으로 우리에게 문을 열어 줄 것이다. 그리고 우리는 애타게 그리워하던 아이를 비록 '다른 형태'겠지만 다시 만나게 될 것이다. 우리가 알던 아이가 아니라, 질병도, 그리고 우리를 떠나거나 우리가 그를 떠나보낼 우려도 없는 지금의 상태 그대로 말이다.

감춰진 진실

몇 년 전, 한 젊은 여자가 나를 찾아왔다. 그녀는 참혹하게 아이를 잃었고, 몇 시간 후에는 남편마저도 세상을 등졌다. 그녀와 아이의 관계는 보기 드물게 각별하고 끈끈했다. 딸 없이 살아간다는 것은 그녀에겐 무의미한 일이었다. 아이는 그녀의 온 삶과 행복의 결정체였다. 사랑스럽고, 조숙하고, 총명하고, 감미로우면서도 매력적인 말투를 가졌으며, 순수함으로 무장한 아이는 의도하진 않았지만 어머니와의 유대가 더욱 깊어질 수밖에 없었다. 좀 과하다 못해 어쩌면 병적으로 느껴질 만큼이었지만, 그래도 인간적이고 아주 정당한 것이었다.

장례식이 거행되었다. 어머니의 마음은 갈기갈기 찢겼다. 그녀는 도저히 그 사건을 받아들일 수가 없었다. 약에 취하고, 고통에 산산이 조각난 그녀는 완전히 망상에 사로잡힌 것처럼 행동했다. 수백 명의 사람들이 고인의 명복을 빌기 위해 찾아왔다. 어떤 이들은 말이 없었고, 어떤 이들은 기계적으로 위로했다. 또 어떤 이들은 형식적이었고, 어떤 이들은 진심으로 가슴 아파했다. 아무튼 대다수는 그녀의 귀에 뭔가를 속삭였다. 그녀는 아무 말도 들리지 않는 것처럼 보였다. 또 많은 것이 이해되지 않는 것처럼 보였다.

 그녀도 생을 마감하고 싶어 했다. 하지만 끝낼 방법을 찾지 못했다. 모든 것을 잊기 위해 몇 주간 어딘가로 떠났지만 허사였다. 그저 잠시 쉬기로 하고 멀리 떠났는데 그것은 약간 도움이 되었다. 조금씩 홀로 서기 위한 노력을 기울이기 시작했다. 그녀가 희망과 비전을 끌어 올 곳은 그 어디에도 없었다. 그녀는 믿음이 없었다. 하느님과 어떤 관계도 맺어 본 적이 없었다. 그녀는 또 다른 논리, 또 다른 세상이 있다는 것에 대해 문외한이었다. 어딘가에 기댄다는 것은 불가능했다. 다른 곳에서 진리의 조각을 찾는다는 것은 힘든 일이었다.

 3개월의 시간이 흘렀다. 어느 순간 그녀에게 장례식 날의 기억이 새삼 떠올랐다. 옛 친구 한 명이 당시 아무것도 들리지 않던 그녀의 귀에 대고 속삭인 말이 떠오른 것이다.

 "아나스타시아는 살아 있어. 알지?"

 3개월이 지난 시점에 그 말이 그녀 안에서 되살아난 것이다. 그 말은 그녀 자신도 몰랐던 내면 속 뭔가를 일깨웠다. 희망의 불씨가 타올랐고, 마침내 아이를 마음속에 되살려 내는 데 성공했다.

 그녀는 친구가 한 말이 무슨 의미인지 알아보기 시작했다. 진리를 탐구했고, 이론적이고 불명확한 심리적 위로가 아닌 정말 확실한 증거들을 찾아다녔다. 아이가 이 세상을 떠났는데 살아 있다고? 만약 그렇다고 치면 지금 어디에 있으며, 그 아이와 어떻게 소통을 할 수 있지?

 "신부님, 죽고 싶어요."

 그녀는 반복해서 말했다.

"아나스타시아를 만나고 싶어 견딜 수가 없어요. 아이가 너무 그리워요. 제 안에 깊은 슬픔이 있어요. 참을 수가 없어요. 이해해 주세요."

"제가 주제넘게 뭐라고 말씀을 드려야 할지 잘 모르겠습니다."

내가 그녀에게 대답했다.

"제 생각에 그대가 하느님을 만나기 위해 이 세상을 떠나게 되면 그때 그대는 이 모든 속박에서 벗어날 것입니다. 만약 하느님이 계시지 않는다면 그대는 아나스타시아를 만날 수 없겠지요. 하지만 부활하신 하느님이 계신다면 그대에겐 아이보다는 그분이 더 필요합니다. 하느님의 도움으로 그대는 이생에서부터 이미 아나스타시아를 느낄 수 있을 것입니다. 그대는 아이와 둘이서 헛된 세상에서 영원히 함께하는 것이 좋겠습니까? 아니면 하느님께서도 그대들과 영원히 함께하시는 것이 좋겠습니까? 어느 편이 더 낫겠습니까?

아마 따님이 그대의 어머니가 될지도 모릅니다. 그대가 생물학적으로 낳은 그 아이가 그대를 영적으로 낳을지도 모르니까요. 아이는 그대가 준 생명에 대해, 그대에게 진정한 생명을 제공하면서 보답을 하는지도 모릅니다. 아이를 잃었다고 생각하는 그대를, 아이는 지금 자신이 살고 있는 진정한 세상과 연결하려는지도 모릅니다. 그대가 심정적으로 위안을 받기 위해 천사라고 부르는 그 딸이 당신의 영적인 천사가 되어 깨달음을 가져다주는지도 모릅니다."

궁극적으로 아이가 어디에 있느냐 하는 것은 그리 중요하지 않다. 존재하고 있는지, 살아 있는지, 어떤 상태에 있는지, 어떻게 있는지가 중요한 것이다.

"엄마, 하느님은 계세요."

모든 것이 이 세상에서 끝난다고 주장하는 무신론자 부모가 있었다. 그들의 딸아이는 일련의 심장 질환으로 고통받고 있었는데, 기대 여명은 넉넉잡아도 청소년기를 넘기 힘들었다. 그들은 치료를 위해 미국에도 가 보고, 신기술의 의학 임상시험에도 참여하는 등 모든 노력을 기울였지만 병의 진행을 막기에는 역부족이었다. 아이의 상태는 점점 악화되었다.

아이는 무척 영민했다. 모든 과목에서 1등은 물론 반 인기투표에서도 1등을 차지했다. 공손하고 예의 바른 아이는 모든 사람들의 사랑을 한 몸에 받았다. 아이는 에세이와 시도 썼다. 이렇게 보기 드문 재능과 예민한 감수성을 지닌 영혼이었지만, 한편으로는 깨지기 쉬운 생물학적 그릇과도 같았다. 모든 지표로 미루어 보아 아이의 남은 생은 그리 길지 않아 보였다.

열두 살 무렵, 자신의 삶이 얼마 남지 않았다는 것을 예감한 아이는 스스로의 감정을 부모에게 밝혔다. 어떠한 신앙에도 부정적이었던 부모는 깜짝 놀라며 "다 잘될 거니까 포기하면 안 돼"라며 전혀 설득력이 없는 감언이설로 아이를 위로해 주려 애썼다. 하지만 중요한 것은 그들이 현실을 직시하지 않으려 한다는 점이었다. 아이는 아주 차분한 얼굴로 그들에게 죽음 이후의 삶에 대해, 하느님에 대해, 현세의 덧없음에 대해 설명하며 우리 모두는 더 지혜로워져야 하며 죽음은 다른 생으로 미끄러져 들어가는 것에 불과한 것이라고 말했다.

아버지는 아이의 말을 끊고는 강한 어조로 반박했다.

"만약 하느님이 계셨다면, 지금쯤 너를 치료하셨을 게다."

"아빠가 말씀하시는 그런 하느님이 계셨다면 애초에 제가 아플 일도 없었겠죠."

아이가 대답했다. 좀 더 유했던 어머니는 아이의 생각을 존중하는 듯 침묵하고 있었다.

상황은 더욱 나빠져 부모는 결별했고, 아버지는 멀리 떠나 종적을 감춰 버렸다. 아이는 내세에 대한 이야기를 계속해서 반복했다. 어머니는 보통 울기만 했다. 이론적 무신론에 굳어져 버린 그녀는 단순히 아이를 감내하고 있을 뿐이었다. 아이의 생명은 서서히 꺼져 가고 있었다. 세상에서의 마지막 순간이 다가왔다. 폐동맥고혈압 증상이 나타났다. 아이의 폐가 피로 가득 찼고, 호흡은 점차 약해졌다. 어머니는 아이를 품에 꼭 안았다.

"하느님, 더 이상은 버틸 수가 없어요."

아이가 중얼거렸다.

"하느님이라고? 하느님은 없어."

어머니가 화가 난 듯 말했다.

"엄마, 하느님은 계세요."

아이가 그녀에게 속삭이듯 말했다. 그리고는 숨을 거뒀다.

아이는 이 세상에서의 마지막 숨을 내려놓음과 동시에, 다른 세상에서 가져온 숨을 자신의 어머니에게 불어넣었다. 아이는 자신이 향한 곳으로 어머니를 이끌었다. 그리고 지금 자신이 축복된 상태에 있음을 확인시켜 주었다.

비밀스러운 현존에 대한 의구심

미국 보스턴의 어린이 병원에서 4년간 경험했던 여러 일 가운데 인상적이고 계시적인 두 가지 사건이 있었다. 그 이야기를 꼭 전하고 싶다.

내 마음을 울린 것은 이 병원의 기술적, 과학적 시스템의 완벽함이나 그곳에 근무하는 의사들의 놀라운 실력과 업적이 아니다. 내가 직접 옆에서 지켜보았던 거의 다 죽어가던 아이들의 소생도 아니고, 최선을 다해 아이들을 책임지는 의료진들도 아니며, 또한 이들과 조화롭게 협력하던 행정 부서나 심리 지원 부서도 아니다. 내가 말하고 싶은 것은 병원 생활에 아주 역동적으로 참여하던 자원봉사자들이다. 그들은 그곳에서의 삶을 통해 생명을 얻었고, 동시에 자신의 삶으로부터 생명을 내어 주었다.

거기서 나는 바실리아라는 이름의 한 여성을 만났다. 나로 하여금 한계 너머로 눈을 뜨게 해 주신 분이다. 또 다른 논리의 힘과 아름다움에 대해서 수긍케 하고, 희망과 비전과 진리에 관한 내 지평을 넓혀 주었다. 그렇게 천사와 같은 아이들이 최대한 좋은 조건 속에서, 가능한 한 오랜 시간을 우리 곁에 머물 수 있도록 열정을 다해 살아가는 분을 나는 보았다. 그분은 아이들의 여린 심장이 멈춘 후에도 그들과 소통하는 법을 알고 있었다. 죽음 이후엔 아이들이 영생을 얻어 평온한 안식을 누릴 것이라는 것을 그분은 이미 굳게 믿었다. 뿐만 아니라 아이들이 이 세상에서 해냈던 투쟁 역시 강렬하게 느끼고 있었다. 결코 형식적인 말로 아이들을 위로하지 않았으며, 격려랍시고 조언이나 대책 같은 걸 늘어놓지도 않았다. 바실리아 씨는 깊은 고통의 체험을 생동하는 희망과 버무렸다. 눈물 젖은 눈망울과 마음에서 우러나는 확실한 행복을, 침묵의 웅변과 간결한 연설의 풍성함을, 이번 생에 대한 사랑과 사후의 삶에 대한 강한 믿음을 한데 버무렸다.

함께 일하는 4년 동안, 그리스에서 온 1백여 명이 넘는 아이들이 그분의 손을 거쳐갔다. 모두가 중증 심장 질환, 해부학적 기형, 아주 드문 형태에 예후를 알기 힘든 악성종양과 같은 심각한 병을 가지고 있었다. 이 아이들은 부모와 함께 절망 속에서 자그마한 희망과 한 조각의 생명을 찾아 먼 미국 땅까지 찾아왔다. 바실리아 씨의 머리는 참으로 비상했다. 모든 일을 섬세하게 기억했고, 현재와 과거의 사건을 쉽게 오갔다. 과연 저게 가능한가 싶을 정도로 그 많은 아이들의 이름들을 기억했고 거의 잊어버리지 않았다. 그분의 품은 수백 명의 아이들과 그 부모들, 그들 각자의 기쁨과 슬픔, 급작스런 죽음, 난데없이 반전된 병의 진행, 이름, 그 모든 것을 담을 수 있을 만큼 넓었다.

어린 미할리차는 생사를 다투고 있었다. 일곱 가지 해부학적 심장 기형으로 인해 채 세 살이 되기 전에 다섯 번의 대수술을 받아야 했다. 병원 전체가 어린 소녀를 살려 내기 위해 고군분투했다. 아이는 한 달 내내 인공호흡기를 달고 있었다. 삽관을 제거하기 위한 네 번의 시도는 모두 실패로 돌아갔다. 흉부외과와 심장내과 전문의, 간호사, 부모 그리고 자원봉사자 바실리아 씨까지 모두가 합심했지만 병의 진행을 막을 수는 없었다. 의학적 지식, 의사들의 의술, 간호사들의 완벽한 지원, 수십 명이 넘는 사람들의 조화로운 협력, 넘치는 사랑, 지속적인 기도도 아이의 폐가 스스로 기능할 수 있게 하지는 못했다. 미할리차의 몸은 병마와 용맹하게 싸우고 있었다. 모든 병원 관계자들이 불공평한, 하지만 불굴의 이 투쟁을 지켜보며 아이와 함께하고 있었다.

1987년 12월 12일 월요일, 아침 일찍 미할리차를 보러 병원으로 갔다. 가서 보니 바실리아 씨가 아이를 자신의 따뜻한 품에 꼭 껴안고 있었다. 그 모습은 감동적이었다. 지쳐 버린 미할리차의 작은 몸이 이 세상에서 가장 포근한 품에서 쉬고 있었다. 여러 개의 선들이 아이의 몸에 걸쳐 있었고, 아이의 심장은 다른 세상과 연결되어 있었다. 주변에는 오실로스코프(oscilloscope), 첨단 기계 장치들, 그리고 몇 개의 인형들이 놓여 있었다. 아이 위로 아주 순수한, 매우 고귀한 사랑의 눈물이 떨어졌다. 잠시 후, 바실리아 씨는 미할리차를 다시 침대에 누이고 대기실로 나왔다.

"미할리차가 오늘 우리 곁을 떠날 것 같아요. 참으로 이상하죠. 저에겐 국화꽃이 심어진 화분이 하나 있는데 아이가 하늘로 띠니는 날에는 국화꽃 한 송이가 피어난답니다. 그런데 이 일이 반복해서 일어나고 있어요. 저는 하늘로 떠난 아이들을 잊지 않으려고 화분을 성화대 옆에 두었어요. 전혀 기다리지 않았는데 오늘 보니 열네 송이의 국화꽃이 피어 있네요. 우리 곁을 떠난 아이들만큼 말이죠. 먼저 떠난 아이들이 미할리차를 맞아 줄 준비를 하고 있다는 느낌이 들어요."

바실리아 씨는 이 말을 마친 후 침묵했다. 하염없이 눈물이 흐르고 있었다.

"바실리아 씨, 왜 우세요?"

내가 말했다.

"당신은 아이들이 죽지 않는다고 믿으시잖아요?"

"미할리차 때문에 우는 게 아니에요. 미소가, 순수함이, 따뜻함이 사라지고 인색해지는 이 세상에 대해서 우는 거죠. 삶이 공허해지고 비수가 가슴 깊숙이 박혀 고통받는, 그래서 어떤 위로의 말도 할 수 없는 그런 부모들을 위해 운답니다. 그러면서도 저는 이런 순수한 영혼들로 장식되는 하느님의 옥좌를 생각하면서 위안을 받아요. 저는 저의 가장 절실한 기도를 성인들께 하지 않고 열네 송이의 국화꽃, 열네 명의 천사들, 영적인 꽃다발에게 한답니다⋯."

우리는 꽤 오랜 시간을 앉아 있었다. 그리고 얼마 후 아이의 부모가 찾아왔다. 바실리아 씨는 아이의 어머니를 한쪽 구석으로 데리고 가더니 그녀에게 말했다.

"얼마 안 있으면 미할리차가 우리 곁을 떠날 거라는 생각이 들어요. 같이 가서 아이를 품에 안아 주시면 좋겠어요."

"겁이 나요."

아이의 어머니가 대답했다.

"겁내지 마세요. 병상보다는 당신의 품 안에서 숨을 거두는 편이 더 좋답니다. 당신에게도 좋고 아이에게도 더 좋아요. 평생 그 아이를 기억하게 되실 거예요. 그리고 아이와 떨어지지 않은 채 있게 되실 거예요."

바실리아 씨가 돌아와서 내게 작은 소리로 속삭였다.

"참으로 이상하지 않나요! 어린이들과 아기들은, 심지어 혼수상태에 빠진 경우라 해도 자신의 어머니의 품이나 아니면 담당 간호사의 곁에서 숨을 거두는 선택을 한답니다. 90퍼센트 이상이 그래요."

이때쯤 아이의 심장 박동이 서서히 느려지기 시작했다. 그리고 20분 후, 미할리차는 영원한 안식에 들었다. 다음에는 열다섯 송이의 국화꽃이 피어 있을 것이다. 다른 세상은 참으로 부드럽고 섬세하다. 그 나라의 감미로움을 느낄 수 있는 사람들은 참으로 복되다. 그곳에 영원히 거주하는 사람들의 고운 손길을 넘치게 누리는 사람들은 참으로 복되다. 위로가 되는 그들의 존재를 몸으로 사는 사람들은 참으로 복되다.

바실리아 씨는 고통과 넘치는 사랑을 벗 삼아 살아왔고, 지금까지도 그렇게 살고 있다. 그녀는 자신의 모든 시간을 병원의 아이들에게 선물했다. 모든 희망을 하늘의 아이들에게 맡겼다. 온 생애가 아이들의 것으로 가득 채워졌다. 그런 그녀가 쉰둘의 나이에 소아 질환에 걸렸다. 전혀 예상하지 못한 유아 혈관종이 얼굴에 생긴 것이다. 의학적인 관점에서 이를 지켜본 사람들은 의아해했지만, 그녀의 영적인 면모를 알던 이들은 수긍했다.

그녀를 알던 모든 의사들, 심지어 소아과 의사들까지도 나서서 검사를 했다. 하지만 아무도 도움을 줄 수 없었다. 그러던 어느 날 보니 화분에 열다섯 송이의 국화꽃이 피어 있었다. 바실리아 씨는 자신이 사랑하는 하늘의 가족에게 간절한 기도를 했다. 같은 날, 최근에 떠난 여섯 아이들의 부모들로부터 전화가 걸려왔다. 그녀의 사랑으로 영원한 삶에 대한 희망을 포기하지 않았던 아이들이었다. 이들 부모들은 서로 모르는 사이였기에 같은 날 전화를 하기로 동의를 한 것도 아니었다. 그리고 몇 시간 후 혈관종은 사라지고 없었다….

"죽음이 다시는 그분을 지배하지 못하리라는 것을" (로마서 6:9)

이 사건들은 실화이다. 또한 엄청난 진리를 담고 있다. 그것은 과거가 아니라, 아이들의 복된 현재 상태에 약간의 빛을 비춰 주기 때문이다. 불행히도 우리가 알기 어려운 그것 말이다. 우리의 위로는 어떤 강력한 주장이나 과하게 꾸며낸 환상, 심리적인 술책, 인간적인 사랑에서 오는 것이 아니다. 이 모든 것은 그 자체로 부적절하거나 또는 우리를 속일 수 있는 것이다. 진정한 위로는 우리의 자녀들, 그들 스스로에게서 비롯할 것이다. 물론 우리가 알던 대로 아이들을 생각하지 않고, 지금 있는 그대로의 아이들을 알게 된다면 말이다.

우리의 영혼을 빛나게 할 수 있는 세 가지 위대한 진리가 있다. 첫 번째는 이른 나이에 우리 곁을 떠난 아이들은 살아 있다는 점이다. 아무것도 없는 어딘가로 사라진 것이 아니다. 두 번째는 하느님께서는 불확실한 어떤 개념이나 특정되지 않는 에너지, 인간의 창작물이 아니라 실존하시고, 살아 계시며, 참된 분이시라는 점이다. 하느님은 현세에서는 거울 속 이미지처럼 존재하시지만, 내세에 있는 아이들은 '얼굴과 얼굴을 맞대고' 그분을 직시한다. 세 번째 진리는 육체를 가진 우리가 그곳에 있는 아이들과 교류하는 것은 어려울 수 있다는 점이다. 하지만 우리보다 훨씬 순수한 아이들은 그들의 영원한 생명의 표징을 보여 줄 방법을 가지고 있다.

'우리의 어린 천사들은 어디에 있지?' 너무도 많이 사랑했던 아이들이기에 오히려 우리에게 커다란 상처가 된 이 질문은 어쩌면 답이 불필요한 질문이리라. '어디'는 그리 중요한 의미를 갖지 않기 때문이다. 우리에게 정말 의미가 있는 것은 그들의 삶에 대한 진정한 우리의 느낌, 그들과 소통할 수 있는 가능성 그리고 그들과 영원에서 다시 만날 것이라는 비전이다.

오늘날에는 신앙을 갖기가 갈수록 어려워지고, 믿음은 더욱 논란의 중심이 되어 간다. 부모들은 고통을 견디기 힘들어하고, 죽음은 삶과 확연히 구별되는데 그 원인이 어쩌면 이것일 수도 있다. 실제로 죽음을 되돌릴 수 없는 끝으로 여긴다면 견디기 어려울 것이다. 죽음을 결정적 이별처럼 느낀다면 끔찍한 고통이 될 것이다. 하지만 고통을 뒤로 한 죽음이 참된 생명으로 가는 여정이라는 믿음이 동반한다면 그것은 커다란 위안이 된다. 만일 우리가 아이들에게 메시지를 전달하는 데 실패했다면, 적어도 우리는 그들의 메시지를 듣도록 하자. 그때 그들의 죽음은 더 이상 어둠 속에 갇힌 마지막이나, 뿌연 안개에 가려진 이별이 되지 않을 것이다. 안식과 빛이 될 것이다. 우리의 생물학적 아이들이 우리를 영적으로 다시 태어나게 해 줄 중재자가 될 것이다.

믿음의 위로에 더하여, 우리의 영적인 청각이 날카로워질수록 우리의 영혼에 깨우침을 줄 것이고 또 아이들과 함께 나누는 비밀스런 대화의 기쁨도 더해질 것이다.

✣ 삶과 죽음의 경계에서

점점 더 커지는 사랑

병원에서의 삶에는 믿기 힘든 오르내림이 있다. 오늘 나는 의사 팀 전원이 한 아이를 살려 내기 위해 벌이는 격렬한 전투를 피부로 느낀다. 마가리타는 레로스에서 온 두 살 반밖에 안 된 아기이다. 심장내과와 외과 전문의, 중환자 전담의, 간호사, 의료기사 모두가 해부학적으로 열 한 가지 선천성 심장 질환을 가진 아이의 작은 심장이 멈추지 않고 박동할 수 있도록 초인적인 사투를 벌인다. 만약 이 싸움이 패배로 끝난다면, 그 순간 수많은 사람들의 가슴이 찢어지고 말 것이다.

오늘까지 여섯 번의 수술이 진행되었지만 아이는 건강을 회복하지 못했고 앞으로의 전망도 불투명했다. 알아듣지 못하는 외국어, 수준을 벗어난 전문적인 의학 용어들, 일말의 확신도 주지 못하면서 지속되는 의학적 제안들, 언제나 '지켜봅시다' '가능할 것 같네요' 같은 모호한 이야기를 들으면서 밤낮으로 병원을 지키는 부모의 마음을 그들은 달래지 못했다. 이 모든 과정은 말 그대로 자신의 온 마음과 영혼을 다 바쳐 노력을 기울인 이들에게 아무런 보상도 제공해 주지 못했다.

과테말라에서 온, 마른 몸매에 키가 크고 피부가 하얀 흉부외과 의사. 사람들이 '마술사'라고 부르는 위엄 있는 신사. 바로 소아 흉부외과 분야의 세계적인 권위자인 알도 카스타네다 박사도 별다른 희망을 주지 못하고 있었다. 어제 마가리타의 수술 후, 병원 계단을 내려가던 나는 층계참에 서서 창틀에 손을 짚고 머리는 벽에 기댄 채 침울한 모습으로 깊은 생각에 빠져 있는 그를 보았다. 그리스에서 온 어린 소녀의 생명을 구하지 못하는 자신의 무능을 용납할 수 없는 것 같았다. 싸움에서 그가 패하는 경우는 흔하지 않았다. 아이가 세상을 떠나는 경우는 극히 드물었다. 그는 기적을 일으키는 사람이있다! 아주 단호히고, 상상을 뛰어넘는 지략가이자, 긍정적이고, 쉽게 흔들리지 않는 굳건한 성격이었다. 게다가 예의도 바르고 섬세했으며, 외과 의사에게서 보기 힘든 자상함과 겸손함도 겸비했다.

"의사 선생님, 어떻게 되었나요?"

내가 그에게 물었다.

"느낌이 어떠신가요? 어떤 희망이라도 있어 보이나요?"

"인간의 입장에선 마지막에 다다랐다고 봐야 할 것 같습니다. 우리가 할 수 있는 모든 것을 다 했습니다. 아이가 살려고 무척 애를 썼는데, 세상을 떠나는 일도 쉽지는 않아 보입니다. 수술실에서 세 번이나 죽을 고비를 넘겼어요. 하느님께서 하늘로 데려가고 싶지 않아 하시는 것처럼요."

우리 모두가 그런 일이 생기지 않기를 바랐음에도 불구하고, 하느님께서 한 발 물러나 마침내 아이에게 문을 열어 주시리라는 것을 나는 직감했다. 카스타네다 박사가 더 이상 손을 쓸 수 없다면, 그때는 하느님께서도 뒤로 물러나시는 것이다!

계단을 내려가서 병실로 향했다. 방사형으로 배열된 열여덟 개의 작은 병상이 내 눈에 들어왔다. 첨단 의료장비가 설치된 병상에는 간호사들이 한 명씩 배정되어 있었다. 병상은 알게 모르게 투쟁했던 곳이었고, 열정적으로 한없이 기도를 드리던 장소였다. 그리고 눈앞에서 지상의 천사들이 사투를 벌이던 곳이었고, 우리 눈에 보이진 않지만 하늘의 친구들이 어울리던 장소였다. 그 중심에는 통제실이 있었다. 완벽하게 훈련된 스태프들과 실무진들은 전 세계 최고처럼 느껴졌다. 그들은 매일, 매 순간 삶과 죽음이 성스러운 입맞춤을 교환하고 하느님의 천사들이 당신의 어린 자녀들을 힘겹게 품에 안는 것을 지켜본다. 천사들은 매우 섬세하면서도 깊은 희망이 함께하는, 진실되고 세밀한 아픔 속에서 이 일을 맡는다. 이런 순간들에는 극심한 고통과 불안, 지극한 기쁨과 희망이 모두 함께 공존한다.

병원에 가 보면 그대는 건강이 어떤 가치를 지니고 있으며 삶이 무엇을 의미하는지 이해하게 된다. 또 인간은 혼자서는 정말 보잘것없으며, 진정 놀라운 일은 하느님 안에서 이루어짐을 깨닫는다. 인간이 가진 천재성, 놀라운 기술력 그리고 업적에도 불구하고 우리는 매우 작고 나약한 존재이며, 인간의 기적이란 너무도 미미한 것들이다. 하느님의 위대함은 그분의 패배, 죽음 그리고 그분의 명백한 실패 안에서도 드러난다. 인간이 베푸는 생명은 언제나 죽음으로 귀결된다. 하느님께서 허락하시는 죽음은 언제나 영원의 상태와 생명으로 인도된다.

마가리타는 결국 시간의 무게를 이겨 내지 못했다. 아이는 서둘러 영원의 부드러움 속으로 슬며시 떠나갔다. 아이는 이 세상의 조악함을 마주할 겨를이 없었고, 기쁨이나 슬픔도 채 맛보지 못했다. 그럼에도 고통이 찾아왔을 때, 인간의 사랑이 아이와 함께했고, 시간이 아이를 어루만져 주었다.

마가리타는 최고의 의사들도 실패할 때가 있고, 놀라운 최첨단 의술에도 한계가 있다는 사실을 일깨우고 우리 곁을 떠났다. 그리고 부모에게는 고통을, 그녀를 알던 모든 사람들에게는 답변 없는 괴로운 질문을 남겼다. 하지만 동시에 인간적인 논리가 만들어 내는 하느님과는 아주 다른 하느님의 존재에 대한 암시를 남겼다. 즉, 하느님께서는 생명을 앗아가시려고 그들을 데려가시는 것이 아니라, 참된 생명을 주시기 위해 인간을 맞이하고 계신다는 내적인 확신을 주었다.

세상을 떠난 나타샤 곁에서

내적 투쟁, 미묘한 딜레마, 올바른 선택과 그릇된 선택 사이의 미세한 차이가 말 그대로 인간의 나약함을 드러내면서도, 동시에 인간의 위대함을 역설하는 순간들이 있다. 어떤 것이 확실하고 올바른 것인지 인간으로서는 분명히 알 수 없지만, 불확실하더라도 어떤 훌륭하고 좋은 것을 선택할 수 있는 가능성도 바로 여기에 놓인다. 이렇게 어려운 상황에, 다른 이들에 대한 사랑과 하느님께서 주신 내 신체의 완전성에 대한 존중이 대립하며 교차한다. 이들은 영혼과 몸처럼, 생각과 정신처럼 아주 단단하게 결속되어 있다. 그곳에서 인간은 침묵과 말로, 신비와 계시로, 타락과 부활로 나타난다. 그곳에서 하느님의 자애라는 직물은 인간의 이성으로는 구별하기 힘든 아주 가는 실로 짜여 있다. 그리고 하느님의 놀라운 은혜는 인간의 본성에 익숙하지 않은 '생소한' 방식으로 드러난다.

인간의 경이를 불러일으키면서도 동시에 엄청난 어려움에 직면하게 하는 분야가 바로 장기 이식이다. 의과학과 최첨단 기술을 접목해 한 사람의 장기를 다른 이에게로 옮겨 이식한다는 것은 정말 대단한 업적이 아닐 수 없다! 이식받은 장기를 마치 자신의 것처럼 만들 수 있다니 참으로 놀랍다! 이 놀라운 방법으로 생물학적으로 끝을 향해 가는 사람에게 생명을 주는 계기가 마련된 것이다!

그럼에도 동시에 장기 이식은 많은 생각에 잠기게 한다. 한 사람의 신체의 일부, 콩팥, 피부, 장, 심지어 간이나 심장이 어떻게 다른 사람의 신체의 일부로 들어가 그의 개인적인 한 부분을 나타낼 수가 있단 말인가? 어떻게 한 사람에게서 다른 사람에게 콩팥, 간, 췌장, 소장과 대장, 위 등 일고여덟 개 장기를 함께 이식해 어떤 면에서는 그의 신체가 바뀌었음에도 불구하고 개인적 정체성이 변하지 않고 어찌 그대로 남아 있을 수가 있는가! 육체는 영적 존재와 얼마나 단단히 결속되어 있는 것인가? 궁극적으로 이것은 존경의 행위인가, 아니면 무례한 행위인가?

축복인가, 아니면 우리의 몰염치인가? 인간의 정도를 넘어선 것은 아닌가? 혹시 이러한 공격적인 방식으로 소수의 사람들에게 생물학적인 생명을 부여함으로써 영적인 삶의 기본 요소로부터 인간 전체를 배제하는 것은 아닌가? 사랑을 핑계 삼아 오만, 자기 과시, 과도한 이익 추구, 편향된 결정으로 스스로를 부추기고 있지는 않은가?

이식할 장기가 뇌사자, 그러니까 죽은… 동시에 살아 있는 이, 죽었으나 숨을 쉬는 이, 죽은 것처럼 보이지 않지만 죽은 이, 의사와 법규와 사회에 의해 죽었다고 불리는 이로부터 올 때, 우리는 영적인 존재로서의 인간의 가치를 깎아내리며 우리를 초월하는 사건으로서의 죽음의 신비의 성스러움을 훼손하는 것은 아닐까? 다시 말해, 누군가를 가능한 한 오랫동안 우리 곁에 붙들어 두려고 고군분투하는 순간, 우리는 어떻게 공여자의 죽음에 대한 연민은 지워 버리고 수혜자의 생명에 대한 기쁨만을 바라보면서 희망 속에 급히 다른 이의 장기를 취할 수가 있는 것인가?

또 뇌사자가 살아 있는 것처럼 보이는 것은 기계장치에 의한 호흡 때문인가? 심장 박동은 심장이 잘 작동하고 있다는 표시인가? 이미 영혼과 육신의 동행이 끝났는데도 우리의 편협함으로 인해 희망도 비전도 이유도 없이 괜히 몸을 혹사하는 것은 아닌가? 우리의 두려움이나 지나친 걱정으로 인해, 또는 우리가 덧없는 이 생에 너무도 친숙하기에 미처 영원을 보지 못하고 이러는 건 아닌가?

전화벨이 울렸다. 병원의 장기 이식 코디네이터였다. 거두절미하고 즉시 본론에 들어갔다. 나타샤라는 이름을 가진 열아홉 살 소녀가 뇌출

혈 과다로 뇌사 판정을 받았다. 안타깝지만 재검사에서도 판정은 번복되지 않았다. 당시 오나시스 병원에서 한 젊은 청년이 절망적으로 심장 이식을 기다리고 있었다. 리스트에는 콩팥이나 간 이식 대기자들이 1천 명 가까이 되었다. 심각한 딜레마였다. 몇 시간 후면 부패가 시작될 나타샤의 장기를 이식해 줄 것이냐 마느냐의 선택이었다. 만약 장기 이식을 한다면 약 아홉 명의 사람들에게 생명을 줄 수 있었다.

담당자들은 나타샤의 부모에게 장기 기증에 대한 이야기를 어렵사리 꺼내 보려 했다. 하지만 감내하기 힘든 그들의 고통 위에 어떻게 버거운 딜레마를 하나 더 더한단 말인가? 시간이 촉박하다는 이유로, 정신이 혼미한 그들에게 지식, 침착함, 정신력, 시간, 명확한 인식을 요하는 결정을 어찌 재촉할 수 있겠는가? 도움을 주려는 목적에서 제기된 이 질문들에 대해서 제대로 된, 그리고 확실한 답변을 알고 있는 사람은 누구인가?

긴장된 분위기 속에서 나타샤의 부모는 교회의 의견을 구하고 싶다고 요청했다. 이렇게 해서 책임자가 나에게 전화를 건 것이었다.

얼마 후, 나는 나타샤의 부모, 중환자실 책임자, 의사 한 명 그리고 장기 이식 코디네이터와 한 사무실에 모였다. 긴장감이 역력했다. 처음에는 짧은 침묵이 흘렀다. 내가 먼저 어색한 정적을 깨뜨렸다.

"의사 선생님, 나타샤는 정확히 어떤 상태입니까?"

"불행하게도, 뇌사 상태입니다."

의사가 무미건조하게 대답했다. 냉담해서가 아니라 심적으로 어찌해야 할 바를 몰라서 나오는 반응이었다.

"왜 '죽었다'고 하지 않고 '뇌사'라고 말씀하시는 건가요? 혹시 어떤 식으로든 살아 있다는 건가요?"

"기계에 의지해서 일부 장기들은 살아 있습니다. 그리고 뇌는 출혈로 인해 죽은 상태입니다."

"그게 정확히 무슨 의미인지요?"

내가 다시 그에게 물었다.

"나타샤는 아무것도 느끼지 못하고, 깨닫지 못하고, 통증도 없습니다. 무엇보다 최악은 회복이 불가능하다는 것입니다. 톱으로 다리를 절단한다 해도 반응이 없을 겁니다. 어둠 속에서 눈동자에 빛을 강하게 비춘다 해도 동공 반사가 일어나지 않을 테고요. 나타샤의 뇌는 이미 자체적으로 부패하기 시작했습니다. 기능하는 신체 일부분은 모두 기계장치의 도움으로 가능한 거예요. 그럼에도 나머지 장기들 역시 서서히 부패하기 시작할 것입니다. 제 생각을 말씀드리면 이이는 사망했습니다."

"왜 '사망'이라고 단정 지어서 말씀하시지 않고 '제 생각'이라는 표현을 쓰시는지요? 그것은 뭔가 명확하지 않다는 것을 보여 주지 않나요?"

"그 모호함은 아이가 호흡을 하고 심장이 박동하는 기계적인 모습을 우리가 볼 수 있는 데서 비롯하는 겁니다."

"의사 선생님께서는 나타샤가 회복할 수 없다는 분명한 확신을 가지고 계시나요?"

내가 계속해서 질문했다.

"불행하게도, 확신합니다. 뇌사를 증명하기 위해서는 필히 여섯 가지

테스트를 해야 합니다. 그리고 그 여섯 가지의 테스트의 결과는 모두 다 유의미해야 하고요. 사실 저희는 몇 시간 후에 의무적으로 다시 한 번 테스트를 해야 합니다. 그 후에 최종 확정을 지을 수가 있습니다. 제대로 뇌사 판정이 내려졌다면 다시 회복한다는 것은 불가능합니다."

그때 나타샤의 어머니가 다음과 같이 말하면서 개입을 했다.

"다시 말해 지금은 오직 기적밖에 없다는 말씀이신가요?"

"네! 오직 기적밖에 없습니다."

의사는 당황해하며 대답했다. 하지만 희망을 품는 것이 어리석은 일이라는 입장은 그대로 견지했다.

침묵이 흘렀다. 잠시 후 내가 말문을 열었다.

"의사 선생님, 무슨 기적이죠? 죽은 자의 부활입니까? 아니면 환자의 치유입니까?"

"죽은 자의 부활입니다."

의사가 대답했다. 그는 이전에 스스로 자초한 막다른 길에서 벗어나 좀 편안해진 것 같은 모습이었다.

또다시 어색함 속에 침묵이 흘렀다.

"아이를 위해 함께 기도를 드리길 원하시나요?"

내가 좀 주저하듯이 말했다.

"물론입니다, 신부님."

가엾은 부모가 한목소리로 답했다.

나타샤의 부모는 분명 아직도 희망을 버리지 않고 있었다. 그도 그럴 것이, 비록 기계의 도움을 받는다 해도 딸이 호흡을 하고, 심장이 뛰고,

품에 안았을 때 따뜻한 온기가 전해지고, 혼수상태에 있음에도 변함없는 모습을 유지하고 있는데 어떻게 희망을 포기할 수가 있겠는가? 그때에는 누구라도 쉽게 '혹시 오진이 아닐까?' '혹시 기적이 일어나는 것이 아닐까?' '조금만 더 기다려 보면…'과 같은 온갖 구실을 떠올린다. 그리고 우리는 의사가 치유의 희망을 짓밟을 때보다는 희망을 제공할 때, 그에게 더 큰 신뢰를 보내게 된다. 그것은 지극히 당연하고 자연스러운 것이다.

마치 최종적인 답을 기다리는 것처럼 우리는 어떤 말도 하지 않고 긴장한 채 복도로 걸어 나왔다. 그사이 나는 어떤 기도를 드려야 할지 생각하고 있었다. 건강을 위하여 기도를 드려야 하나? 나타샤가 아직 죽지 않았다는 확신도 믿음도 내겐 없었다. 아이가 이미 죽었음에도 인공호흡기로 폐에 공기를 주입하고 있으며, 우리의 고통도 덩달아 장기화되는 게 아닌가 하는 생각이 들었다. 과학과 첨단 기술이 생명과 동시에 출구 없는 고통을 제공하는 순간이었다. 생명이 경각에 달린 아이를 위해 기원식을 올릴까? 그런데 그것은 적절하지 않은 듯했다. 아이는 어떤 반응도 보이지 않고 있었다. 사투를 벌이고 있는 것이 아니었다. 추도 기도를 드릴까? 그건 나도 확신이 없었을 뿐만 아니라, 아이의 가족들도 아직 받아들일 준비가 되어 있지 않았다.

우리는 나타샤의 침상에 도착했다. 아이는 몸이 부어올라 알아보기 힘들게 변해 있었다. 호흡은 거칠었다. 어머니는 어떠한 자극에도 반응하지 않는 불쌍한 딸의 무력한 몸뚱이 위로 쓰러졌다. 아버지는 바닥에 무릎을 꿇었다. 이런 유사한 상황에 매우 익숙했던 의사는 감정의 지나친 동요 없이 그저 측은스레 이들을 지켜보고 있었다. 나타샤의 주변으로 이콘들이 놓여 있었다. 모두가 나로서는 알 수 없는 각자의 방식으로 내가 기도할 때만을 기다리고 있었다. 나는 기원 예식서에서 한 기도문을 골라 임의로 중간에 있는 내용을 수정했다. 그것은 하느님을 기만하려는 것도, 내 자신을 속이려는 것도 아니었다. 또 아이의 부모들의 희망을 저버리려는 것도 아니었다. 우리는 하느님께서 나타샤의 생명을 감싸 주시길, 아이가 지나고 있는 위기의 순간에 함께해 주시길, 그리고 한편으로는 우리에게 당신을 뜻을 받아들일 수 있는 힘을 주시길, 그리고 다른 한편으로는 겸손, 존중 그리고 믿음으로 우리의 딜레마를 극복할 수 있는 깨달음을 주시길 간구했다.

폐식기도를 드리고 나서 목에 걸고 있던 영대를 벗었다. 이때 나타샤의 어머니가 침착하게 남편 쪽으로 몸을 돌리더니 말했다.

"장기를 기증하는 게 좋을 거 같다는 생각이 들어요. 어떻게 보면 이런 방식으로 우리 딸의 생명이 연장되고, 또 다른 사람들에게 사랑과 생명을 제공할 수도 있다고 봐요. 신부님, 저는 그렇게 느껴지네요."

눈물이 가득한 눈으로 남편도 아내의 말에 동의를 표했다. 단지 결정을 내렸을 뿐인데도 그들은 달라져 있었다. 굳건해지고, 표현에도 결연함이 묻어났다. 딸이 소생하기만을 바라던 마음이 다른 이들이 생명을 이어갔으면 하는 갈망으로 변해 있었다.

이후 인사를 나누고 그곳을 빠져나왔다. 나는 부모의 결정보다는 인간의 본성의 강력함에 더욱 감동을 받았다. 그들의 결정에 나는 어떤 역할도 하지 않았다. 긍정도 부정도 표하지 않았다. 부모 스스로 결정했다. 극도로 힘든 순간에 나는 단순히 그들의 결정을 지켜보기만 했다.

며칠 후, 나타샤의 부모로부터 만나고 싶다는 연락이 왔다. 나는 기쁜 마음으로 그들을 맞이했다. 품격과 예의를 갖춘 분들이었다. 섬세하고 여린 마음을 지녔으며, 아픔을 겪은 터였다. 그들은 하염없이 눈물을 흘렸다. 결국 딸의 장기를 기증하지 못한 데 대한 회한이었다. 이렇게 고백을 함으로써 그들의 마음은 조금이나마 위로를 얻었을 것이다. 불행하게도 장기 이식은 이뤄지지 못했다. 결정이 늦어진 탓이었다. 이식하기 전 관련 검사 결과, 이미 기계장치로도 딸의 장기 기능을 되살릴 수 없다는 판단이 나온 것이다. 그들은 자녀에 대한 자신의 애착으로 인해 제때 장기를 이식받았으면 살 수 있었을 여러 사람들의 생명을 앗아간 것은 아닌가 하는 생각에 무척 괴로워했다. 그들은 딸의 심장, 콩팥, 간이 다른 이들의 몸 속에서라도 기능하기를, 다른 영혼들이 딸의 장기를 통해 삶을 이어나가기를 간절히 원했었다.

사랑은 참으로 대단하다! 우리의 죽음을 통해 타인에게 생명을 줄 수 있다니! 사랑하는 가족의 죽음을 겪는 동시에 생면부지의 누군가의 생명을 연장해 줄 수 있다니! 우리의 몸을 이웃과 나눌 수 있다니! 달리 살아날 방도가 없는 낯선 이웃에게 우리 신체의 일부를 제공하면서 생명으로서의 사랑을 전하는 것이다! 이 세상을 떠나면서 엘리야 예언자가 엘리사에게 주었던 외투처럼, 그대가 사랑하는 엘리사가 그 은혜를 가치 있게 계속 활용할 수 있게 하는 것이다. "벗을 위하여 제 목숨을 바치는 것보다 더 큰 사랑은 없다."(요한 15:13)

장기 기증에는 공여자에 대한 존경과 수혜자에 대한 사랑과 위로가 공존한다. 우리에게 속하지 않은 삶을 선물로 받는 입장(수혜자)과, 모든 사람들에게 주어야 하는 사랑을 베푸는 입장(공여자)이 공존한다. 전자, 즉 누군가 장기를 기증하려는 마음은 존중받아 마땅한 아주 위대한 일이다. 그러나 후자, 즉 수혜자를 진정으로 사랑하고 배려하고 안아 주는 마음은 전자보다 더 위대하고 중요한 것으로, 이것은 수혜자로 하여금 기증받는 것을 축복으로 여기고 이 선물을 받는 데 기꺼이 동의하게 한다. 그러므로 개인이 맞닥뜨리는 가장 큰 딜레마는 공여자가 되어야 하는지가 아니라, 기증된 장기를 받을 수혜자가 되는 것에 동의해야 하는지이다.

✢ 그라마티코의 블랙 마운틴

어마어마한 무덤

 2005년 8월 14일 주일, 성모 안식 축일 전날이있다. 그리스 진역이 요동쳤다. 키프로스는 다시 한번 깊은 슬픔에 잠겼다. 키프로스 라르나카를 출발해 아테네를 향해 오던 비행기가 통제를 잃고 경로를 이탈해 두 시간 이상을 헤매다가 결국 그라마티코 근처 블랙 마운틴에 충돌한 것이다. 원인이 무엇인지, 누구의 책임인지, 어떻게 그런 일이 일어났는지는 아무 의미가 없다. 중요한 것은 121명이나 되는 사람들이 그 특별한 날에 너무도 억울하고 비극적으로 그리스 아티카 변방에서 다 함께 생을 마감했다는 사실이다.

 나는 소식을 접하고 참담한 심정으로 사고 현장으로 향했다. 그곳에 도착했을 때는 2시 10분 전이었다. 끔찍한 사고가 벌어진 지 두 시간이 채 지나지 않았다. 서둘러 발걸음을 옮겼다. 그곳 관계자들의 공식적인 대우를 원치 않았으나 불가피하게도 나를 찾아와 자초지종을 설명했다. 솔직히 그곳에서 나는 가장 불필요한 사람이라는 생각을 갖고 있었다. 더 나아가 관계자들을 방해하고 싶지 않았다.

사고를 수습하기 위한 움직임은 매우 인상적이었다. 수십 대의 구급차, 군인, 경찰, 소방관, 수많은 사람들, 그야말로 대혼란이었다. 우리 앞에는 산산이 부서진 항공기 잔해가 여기저기 흩어져 있었다. 원인을 알 수 없는 폭발과 화재로 연기와 불꽃이 일었고, 소방 헬기와 소방 비행기가 화재를 진압하려고 정신없이 오갔다. 게다가 끔찍한 사고로 인한 폭력적 죽음만으로는 부족하다는 듯이 참혹한 주검들은 갈기갈기 찢겨 사방에 나뒹굴었고, 이제는 한 줌의 재로 변할 터였다. 인간의 주검이라 할 수 없을 정도였다. 형체를 못 알아보는 정도가 아니라 거의 사라져 버렸다. 식별하는 게 문제가 아니고 시신 수습도 힘들었다.

조금 틈이 나자 나는 곧바로 따로 떨어진 곳에 자리를 잡고 앉았다. 수 시간이 지났음에도 여전히 불길이 잡히지 않았고, 몇몇 사람들만이 사투를 벌이고 있었다. 지상에는 특수 부대원들이, 하늘에는 조종사들이 남아 있었다. 나머지는 모두 관중이었다. 나도 그중 하나였다. 다른 사람들은 대기 상태로, 투입 신호가 떨어지기만을 기다리고 있었다. 나는 거기서 전혀 쓸모가 없었다. 도울 수 있는 것이 아무것도 없었다. 그럼에도 내 내면에 제어할 수 없는 불길이 타오르고 있었다. 감정은 누더기 같았다. 슬픔, 아픔, 비통함…. 한편으로는 이 비극이 왜 일어났는지를 이해하느라, 그리고 다른 한편으로는 그에 따른 연쇄적인 질문들로 머릿속이 무척 복잡했다. 나의 믿음이 다시 의심을 받게 되는 순간이었다. 아니, 어쩌면 내가 자초한 생각이었다.

당시 종교 서적과 종교 교육에 따르면 고전적인 신은 태만하게도 현장에 부재하거나, 전적으로 책임이 있거나 또는 궁극적으로 부재한다. 앞의 두 경우라면 신의 모순과, 악으로 점철된 세상이라는 인식 때문에 우리는 견디지 못할 것이다. 인간은 무관심하고 심지어 사악하기까지 한 신의 손에 좌우되는 비참하고 수동적인 도구로 전락한다. 세 번째 경우라면 우리는 끔찍한 고독의 느낌에 무너져 내리게 될 것이다. 이 광활한 우주에서 우리 모두는 비극적으로 혼자이며, 우연한 사건 사고의 희생물이다. 비극적인 무작위성의 풍랑이 몰아치는 바다에서 어떤 도움의 손길도 없이 우연으로 시작되어, 무자비하게 확실한 종말을 맞는다. 이 종말, 죽음은 사건처럼 피할 수가 없다. 그리고 때와 방법에 있어서 통제가 불가능하다. 우리 모두는 죽음을 맞는다. 하지만 언제 그리고 어떻게 죽음을 맞게 될지는 아무도 모른다. 우리 중 자신의 죽음을 통제할 수 있는 사람은 단 한 명도 없다. 또한 의사의 개입조차도 통계와 확률에 기반해 이루어지는 것일 뿐이다. 이것은 더욱 비극적인 종말을 야기한다. 특히 이전에 멋진 삶을 살았다면 더욱 그렇다.

하느님은 과연 어디에 계실까? 진정한 하느님은 누구실까? 하느님은 이 사건들 속에서 어떻게 나타나시는 걸까? 그런데 만일 이러한 하느님이 계시지 않는다고 한다면, 왜 우리는 비극적인 종말을 맞아야 할까? 왜 갑작스럽게, 대규모로, 그리고 여느 죽음과 다른 방식의 비극이어야 할까? 왜 95세의 노인이 잠을 자다가 죽음을 맞는 것은 괜찮은 것이고,

비행기가 산에 충돌해 아내며 아이들이며 할 것 없이 온 가족이 한꺼번에 비참하게 생을 마감하는 것은 끔찍한 것으로 여겨지는가? 우리의 출생과 성장 과정은 무난하지 않다. 온전히 우리가 가진 힘만으로 세상에 제공할 수 있는 것은 아무것도 없기에, 우리는 너무도 미약하다. 이렇게 우리가 아무것도 아니라는 생각을 하는 건 스스로 고통스럽기만 하다.

쉽게 드러나시진 않지만 어딘가에 하느님이 계신 것만은 분명하다. 만일 여기 그라마티코에 계시지 않다면, 하느님은 어디에도 계시지 않는다. 나는 속으로 간략하게 기도를 드렸다. 주머니에 있던 작은 기도매듭을 꺼내 손에 쥐고는 아무도 눈치채지 못하게 기도를 시작했다. 조금이라도 위로를 얻고자, 고통 속에서도 존재하는 희망에 대해 생각했다. 하지만 동시에 이런 의문들에 대해 온전한 진리를 구하고자 타협 없이 질문하고 고뇌했다.

불길은 여전히 잡히지 않고 있었다. 그때 그곳을 진두지휘하던 총책임자가 나에게 다가왔다.

"대주교님, 정말 반갑습니다. 대주교님에 대해선 익히 들어 잘 알고 있습니다. 특히 이런 날에 여기 와 계시다니 정말 감동했습니다. 먼지도 자욱하고, 근심과 긴장, 고통이 가득한 곳에 말이죠."

"최고로 존경하는"이라는 의미를 담고 있는 대주교님(Metropolitan)에 대한 호칭 'His Eminence'가 귀에 거슬렸다. 그 최상급은 나에게 어울리지 않았다. 달갑지 않고 진실되지 못한 표현이었다. 눈앞에 펼쳐진 엄청난 참상에서 인간의 나약함이 그대로 드러나 있는데 그런 과장되고 강렬한 용어를 써서는 안 되는 것이었다.

"그러면 제가 어디에 있어야 했을까요?"

용기를 내어 그에게 묻고는 말을 이어갔다.

"눈치를 채셨을지 모르겠지만 저는 이 모든 사람들 가운데 제가 가장 쓸모없는 사람이라는 걸 깨달았습니다. 그래서 이곳에 앉아 여러 생각을 했지요. 소방관들은 화재를 진압하는 그들의 역할이 있죠. 경찰들은 이 지역을 통제하고, 군인들은 그들을 필요로 하는 곳으로 달려가며, 도지사나 시장은 이 모든 일이 순조롭게 이루어질 수 있도록 행정적인 지원을 합니다. 기자들도 이곳의 소식을 시시각각으로 전하고 있지요. 저는 어떤 일에 기여를 할 수 있을까요? 아무것도 없답니다. 분명 저는 여기서 가장 쓸모없는 사람입니다. 제가 여기 있는 이유는 단지 집에 들어갈 수 없어서예요. 집에서 무엇을 하겠습니까? 에어컨을 틀고 시원하게 있겠습니까? 아니면 소파에 앉아서 여기에서 애를 쓰는 여러분을 TV 화면 너머로 지켜볼까요? 저는 그렇게는 못 하겠습니다."

"대주교님, 무슨 말씀을 그렇게 하십니까? 대주교님께서 여기 계시는 것만으로도 저희에게는 큰 힘이 된답니다. 저희는 대주교님을 보면서 기운을 얻는걸요."

"그 말씀으로도 제 존재가 정당화될 순 없습니다. 어떤 말이나 권위의 표시, 아니면 누군가의 존재가 사람들을 격려할 수 있는 건 아니지요. 사람들은 어떤 활동을 통해서 힘을 얻습니다. 그리고 그 활동은 전적으로 여러분에게 속하는 것이고요. 제가 하는 것이라고는 몇 마디 기도를 하는 것뿐이에요. 조금 전 이곳에서 목숨을 잃으신 분들을 위해, 지금 이 순간 충격과 깊은 슬픔에 빠져 있을 고인의 친족들을 위해, 그리고 축일 전야이자 주일인 오늘, 모두 여행을 떠나 텅 빈 아테네에서 자녀들과 함께하지도 못하고 차마 눈 뜨고 보지 못할, 누군지도 알 수 없는 참혹한 시신과 현장을 수습하는 여러분을 위해, 집에서 편히 쉬지 못하고 그림처럼 아름답던 예전 그라마티코와는 전혀 다른, 생기 없는 언덕들을 수없이 오르내리며 이 뿌연 먼지 구덩이 속에서 땀을 흘리는 여러분을 위해서요. 하지만 제가 여기에 있는 주된 이유는 주교로서 하느님께 왜냐고 묻기 위해서입니다. 힘이 닿는 한, 저는 하느님께 말씀드릴 것입니다. 여러분도 아니고 그들의 친족도 아닌, 지역의 주교인 제가 하느님의 사랑에 대해, 그분의 전능에 대해 그리고 그분의 정의에 대해 물을 것입니다. 당신의 사랑은 어디에 있습니까? 당신의 능력과 당신의 정의는 어디에 있습니까? 이곳에는 시신과 잔해 외에는 아무것도 보이지가 않습니다. 그래서 제가 온 것입니다. 왜냐고 묻기 위해서요. 반발심이 아닌 믿음과 겸손에서 비롯하는 왜라는 질문을 위해서요."

참으로 끔찍하다! 그대가 애정하고 아끼는 사람들이 성모님 축일을 맞아 여행을 떠난다. 공항에서 그들을 배웅하고 조심히 잘 다녀올 것을 바라는 마음으로 십자성호를 긋는다. 그 어떤 불길한 생각도 하지 않는다. 집에 돌아와 축일 준비를 하다가 키프로스에서 출발한 한 비행기가 아테네 인근에 추락했다는 사고 소식을 접한다. 처음엔 다른 비행 편일 거라고 짐작한다. 실제로 하루에도 수없이 많은 비행기가 오가기 때문이다. 그러다가 혹시 하는 생각이 들고 그 의심은 점점 더 짙어진다. 그리고는 사고가 난 항공사가 가족이 이용한 것과 같다는 소식을 접한다. 불안한 마음이 진정되지 않는다. 그럼에도 다른 항공기일 거라는 희망을 포기하지 않는다. 마침내 추락한 항공편 번호가 그대가 정말로 듣고 싶지 않았던 바로 그것과 같다는 소식을 듣게 된다. 몸이 얼어붙고 만다. 비행기 사고의 특성상 생존 가능성은 희박하지만, 혹시 모를 한 가닥 희망의 끈을 붙잡고서 씨름한다. 모든 승객이 다 죽지는 않았을 거라고, 성모님께서 도와 주실 거라고, 성모님 축일에 이런 일이 벌어질 리가 없다고 생각한다.

3시간여가 지났다. 성모님 축일 대만과를 드리기 위해 나는 그곳을 떠나야만 했다. 축일을 위해 가는 것인데… 의욕이 생기지 않았다! 하지만 그 예배가 절실했다! 나의 인간 본성, 나의 감정, 나의 이성이 나의 믿음, 하느님의 '다른' 이미지와 대치하고 있었다. 십자가에 못 박히심으로써 영광 받으시는 하느님, 무덤 속에서 살아나시고 생명을 주신 하느님, "슬퍼하는 사람들"을 복되다 하시고, "낮은 자", 불의를 당하는 자 그리고 회개하는 죄인들을 선호하시는 하느님, 교회를 당신의 피 위에 세우시고 제자들의 순교의 피 위에 가르침을 정립하신 하느님, 끊임없이 영생을 계시하시면서 본질적으로 죽음의 비극을 폐지하신 하느님 말이다.

정교인으로 태어난 것에 나는 큰 행복을 느낀다! 이 모든 것들에 대해 나는 강한 확신을 갖고 있다. 이것들은 정교회의 가르침, 전승, 삶의 핵심이다. 그 어떤 곳에서도 나는 이와 유사한 논리를 찾지 못한다. 나를 괴롭히는 온갖 의문의 광기 속에서도, 나는 하느님께 짧은 찬송을 바치는 스스로를 발견하곤 한다. 눈물은 작은 희망과 섞인다. 심연과 같은 어둠 속에 작고 감미로운 불빛이 비친다. 모두가 크지만 또 모두가…

작다.

다음날 베니젤로스 아테네 국제 공항에 희생자 가족들이 도착했다. 시신의 신원 확인에 도움을 주기 위해 키프로스와 그리스 다른 지역에서 찾아온 것이다. 비극적인 분위기가 계속해서 그 장소에 무겁게 감돌고 있었다. 아주 작은 아픔도 그냥 스쳐 지나가지 않았다. 120명이 넘는 사람들이 큰 사랑과 배려 속에 넓은 홀에 모여 앉았다. 그곳에는 그들을 지원할 30여 명의 심리 상담사들, 키프로스 대사 그리고 사건과 관련된 모든 관계자들이 함께했다. 일부 사람들은 이미 시신이 안치되어 있는 곳으로 가서 신원을 확인하고 돌아왔고, 다른 사람들은 피할 수 없는 그 끔찍한 시간을 기다리고 있었다.

보건복지부 장관 비서실장으로부터 연락이 왔다. 두어 명의 사제들과 함께 가서 희생자 친족들을 위로하고 격려해 달라는 것이었다. 위로와 격려라고? 스스로에게 되물었다. 누가 그런 것을 줄 수 있단 말인가? 그 답을 알면서도 우리에게 알려 주지 않는 자는 누구인가? 갈기갈기 찢긴 조각들을 짜 맞추고, 무너진 것을 다시 세우고, 죽은 사람을 다시 살려 낼 수 있는 능력을 가진 자가 누구인가? 어떻게 그리고 왜 그들은 나와 교회로부터 뭔가를 기대하는가? 심리 상담사들의 입장은 더욱 난처했다. 사제들은 침묵을 지킬 수 있고, 눈물을 흘리며 같이 아파하고, 들어 주고, 사랑을 베풀고, 몇 마디의 기도를 해 주면 되었지만, 그들은 무슨 일이 있더라도 어떤 말을 해야만 했다. 뭔가를 해 주어야만 했다.

한쪽 구석으로 가서 앉았다. 고통스러워하는 사람들에게서 잠시 떨어져 나의 영혼을 십자가에 못 박히신 그리스도께 의지했다. 3시간가량이 흘렀다. 모두가 돌아와 있었다. 충격으로 인해 밤을 꼬박 지새우고 지쳐버린 그들은 좌우로 앉아 돌아갈 시간만을 기다렸다. 비행기를 타고 키프로스로 돌아가면 희생자들의 공동 장례식을 치를 예정이었다. 일부는 초조하게 걸어 다녔다. 다른 이들은 겸연쩍게 담배를 피우고 있었다. 딸, 사위 그리고 손자 세 명을 한꺼번에 잃은 한 어머니의 흐느낌이 어디선가 들려왔다. 말할 수 없는 아픔이었다. 그 깊이를 가늠할 수 없이 극심한 슬픔이었다.

 몇몇 사람들은 떠나기 전에 추도식을 부탁했다. 심리 상담사들은 이로 인해 예민해진 이들의 감정이 동요하진 않을까 걱정하는 눈치였다. 원하는 사람들은 추도식을 하라고 대사가 조심스레 공지했다. 담배를 피우던 사람들도 불을 끄고 모두가 예외 없이 자리에서 일어나 중앙으로 모였다. 가엾은 그들은 화를 내며 하느님께 맞서지 않았다! 사고가 나기 이전에 우리가 드렸던 기도가 아무런 소용이 없었는데, 지금에 와서 올리는 기도는 과연 무슨 쓸모가 있을까?

 추도식이 시작되었다. 우리 앞에는 부기장의 아내와 여동생이 있었다. 모두 다 함께 슬픔 속에서 추도 성가를 불렀다. 나에게 몇 마디 해달라는 요청만은 없기를 바랐는데 끝내 키프로스 항공사의 대표가 부탁을 해왔다. 나는 몇 마디 말로 대신하며 대표의 요청을 피했다. 우리 중 누구도 위로를 할 방도를 갖고 있지 않고, 또 위로를 하기 위해서 여기에 온 것이 아니라고, 그저 그들의 아픔을 함께 나누고, 감당하기 어려운 무거운 짐을 할 수 있는 한 조금이나마 나눠 지기 위해 왔을 뿐이라고 말이다. 진심으로 나는 그들과 키프로스까지 동행하고 싶었다. 하지만 현실적으로 불가능했기에 안식 후 40일째 되는 날에 거행되는 추도예배에 가겠다고 약속을 했다.

키프로스의 파랄림니에 있는 성당에서 추도식이 거행되었다. 성당은 인파로 가득했다. 지성소 아름다운 문 앞에서 교인들을 내다보니 온통 검은색으로 덮여 있었다. 이 지역 사람 열여섯이 이번 사고로 목숨을 잃었다. 그 고통은 형언할 수 없었고 견디기 어려웠다. 이성적으로는 부당한 고통이었고, 영적으로는 대답 없는 고통이었다.

우리는 묘지로 향했다. 가족, 친구, 지인 등 수천 명의 사람들이 화분과 꽃으로 무덤을 물들였다. 세 개의 무덤이 나란히 있었다. 참혹한 광경이었다. 첫 번째 무덤에는 세 명의 어린아이들과 부부가 안장되었다. 두 번째 무덤에는 두 명의 아이들과 젊은 부부가, 그리고 세 번째 무덤에는 부부와 아이 한 명이 자리하고 있었다. 바로 옆에는 한 할머니가 두어 살쯤 되어 보이는 손자를 품에 안고 있었다. 그 아이는 아마도 부모 형제의 사랑스런 모습을 기억하지 못할 것이다. 내가 잘못 알고 있지 않다면 이 세 가족의 조부모 열두 분이 모두 살아 계셨다. 교회에서는 추도식에서 다음과 같은 성가를 부른다. "오늘 그대가 가는 길은 복되도다. 안식의 자리가 그대에게 마련되어 있도다." 만약 이것이 죽은 자들에게 유효하다고 가정한다면, 이 세상에 남겨진, 살아 있지만 죽은 것이나 다름없는 이들을 위해선 어떤 성가를 부를 수 있을까?

나는 최선을 다해 기도를 드렸다. 나의 생각, 나의 믿음, 나의 영혼이 그들의 안식의 장소를 찾아 헤맸다. 이러한 상황에서는 기도가 무척 어렵다. 보이지 않는 하느님께 내 마음을 어떻게 열어 보일 수 있을까? 사건, 현실, 논리, 그 순간에 일어나는 모든 충동은 존재하지 않는 신, 세상에 대한 통제를 잃은 신, 폭력적인 압제자, 차라리 존재하지 않는 것이 훨씬 나을 무서운 신을 드러낸다. 그렇다면 사랑의 하느님, 전능하신 하느님, 당신의 부활로 죽음을 멸하신 그분, 그리고 우리를 깨닫게 하시고, 힘을 주십사 우리가 기도를 드리고 싶은 하느님께서는 왜 이것을 허락하신 걸까? 왜 우리에게 답을 하지 않으시는 걸까? 그분은 지금 어디에 계시는 걸까?

대부분의 사람들은 이런 질문을 다소 두려워하고 멀리 밀어낸다. 그렇지만 철학으로 무장한 일부 오만한 사람들은 깨달음을 얻기 위한 순수한 태도가 아닌 신성모독적인 무례한 태도로 이 물음을 던진다. 희생자 가족들은 이러한 질문을 내면에 품을 용기조차 낼 수 없을 만큼 비탄에 빠져 있다. 그들은 씁쓸한 노여움 속에서 살아간다. 나는 내 자신을 속일 수도 없고, 그렇다고 준비된 손쉬운 답이 있는 것도 아니다. 그렇지만 나는 내 영혼이 이 질문에 대해 숙고할 시간을 준다. 그리고 신의 존재 여부에 대해 혼자서 고민하고 그분의 속성을 정의하는 대신, 그분께 직접 질문을 던진다. 그때 하느님께서는 내게 필요하고 내가 감당할 수 있는 답을 주실 것이다. 나는 나의 미약함을, 그리고 우리 모두의 미약함을 수용한다. 그리고 한 발 뒤로 물러서서 조심스럽게 기도한다.

추도식이 끝나자 우리 모두는 아무 말 없이 커피를 마시러 갔다. 나의 침묵이 사람들의 마음을 조금은 누그러뜨려 주었으리라. 하느님의 사랑에 대한 거창한 증거, 하느님의 나라에 대한 놀라운 묘사, 설교사제들이 비경험적으로 반복해서 말하는 교회의 겸손한 가르침에 대해 떠벌리지 않는 편이 훨씬 낫다고 생각했다. 경험을 생각으로, 공감을 충고로, 믿음의 시련을 신학적인 의견으로 대체한다는 것은 끔찍한 일이다. 온 존재가 무너지고 믿음이 흔들리는 그 시점에 정말 필요한 것은 신앙에 대한 공허한 가르침이 아니라 인간 본성의 자연스런 요소로서 그 불신을 바라봐 주는 태도이다. 나는 그렇게 사람들을 대하려고 했다. 입은 닫고 귀는 활짝 열기로 했다.

할머니 한 분이 울면서 내게 다가오셨다. 딸과 사위, 손자들을 잃은 분이셨다. 이곳에서의 삶은 그분께 더 이상 무의미했다. 끝난 것과 다름이 없었다. 세상의 아름다움은 겉으로만 그럴싸해 보이는 것에 지나지 않았다. 삶은 고통스럽다는 것이 세상의 진실이었다. 할머니께서 나를 껴안으셨다. 힘껏 그리고 믿음으로 내 손에 입을 맞추셨다. 무엇을 기대하시는지 또는 무엇을 표현하시려는지는 알 수 없었지만, 그 행동은 분명 많은 것을 말해 주고 있었다.

"주교님, 정말 고통스러워요. 이 세상에서 떠나고 싶어요. 제가 있을 곳이 못 돼요. 하느님께는 아무런 불만이 없습니다. 전혀요. 그분께서는 축복만을 주시니까요. 제 지식들이 여기에 오는 것도 원치 않아요. 그만한 가치가 없답니다. 주교님, 이곳을 떠나고 싶어요. 그것도 죄가 되는 건가요?"

할머니는 고통스러운 표정을 짓고 계셨다. 하지만 그것은 경건한 고통의 모습이었다. 상처 입은 모습이 아니었다. 왜냐하면 그분은 비밀스런 겸손함, 상상할 수 없을 정도로 고통스러운 이 비극적인 사건을 단순하게 받아들이려는 겸손을 가지고 계셨기 때문이다. 이 사건에 충격을 받은 우리 마음의 심란함이 사랑하는 가족을 잃은 그분의 상처보다 더 큰 것 같았다. 사건을 겸손하게 수용하려는 그분의 태도는 이별이라는 깊은 아픔을 어느 정도 순화시켜 주었고 믿음을 불러일으켰다. 그리고 그 믿음은 균형과 평온을 가져다주었다. 가슴에 꽂힌 비수로 인해 얼굴을 찡그리고 눈물을 흘렸을지언정 피를 흘리지는 않았다.

나는 그 질문에 말로 응대하지 않았다. 나는 그분을 품에 안고 머리에 입을 맞췄다. 그걸로 족하신 듯 보였다. 할 수만 있었다면 나는 그분의 심장에 입을 맞췄을 것이다. 할머니께선 내 영혼을 빨아들이시려는 듯이 나의 얼굴을 쳐다보셨다. 그리고 경건하게 나의 손을 꼭 잡고 내 손등에 입을 맞추셨다.

"할머니, 혹시 저에게서 원하시는 것이 있으신지요?"

내가 용기 내어 물었다.

"아무것도 없습니다. 단지 제 자식들을 위해 기도해 주시고, 때가 되면 하느님께서 저를 데려가실 수 있도록 주교님께서 빌어 주셨으면 하는 바람입니다."

"사랑하는 가족 모두가 다 함께 떠나서 많이 힘드시죠?"

"주교님, 만약 아이들이 지금 하느님 곁에 있다면 제가 아이들과 꼭 같이 있어야 할 이유는 없지요. 게다가 아이들은 우리의 자녀이기 이전에 하느님의 자녀이니까요. 앞으로 저는 하느님을 더 많이 사랑하게 될지도 모릅니다. 제가 그분께 가까이 다가갈수록 제 자녀들과도 더욱 가까워질 테니까요. 아타나시오스 신부님께서 제게 이렇게 말씀해 주셨답니다."

  제법 많은 사람들이 내게 다가와 가족들의 이름을 건네며 기도를 부탁했다. 마치 다른 어떤 것도 원하지 않는 것처럼 보였다. 놀랄 만한 고결함과 영적인 기품으로 그들은 사랑과 감사를 내게 표했다. 그런데 개중에 딸을 잃은 아주머니 한 분은 슬픔을 가누지 못한 채 한쪽 구석에 앉아 있었고, 햇볕에 검게 그을린 중년 남자는 수염이 덥수룩한 얼굴로 수심에 잠겨 담배를 피우고 있었다. 내가 다가가자 알 수 없는 눈빛으로 나를 바라보더니 그가 말했다.

"당신께 감사를 드리고 싶네요. 하느님보다 사람이 더 자애로운 것 같습니다. 안녕을 빕니다. 당신도 하느님의 사람 중 한 분이시겠지만요!"

"형제님, 그런 말씀 마십시오. 다른 뭔가가 분명히 있을 겁니다."

"주교님, 우리가 어떤 일을 당했는지 안 보이십니까? 이게 도대체 무슨 일이란 말입니까? 우리에게 왜 이런 일이 벌어져야 하는 겁니까? 모든 것이 암흑으로 변했습니다. 도대체 어떤 신이 이렇단 말입니까? 저 비행기 하나를 구할 수 없었다고요? 비행기에 제 가족은 없었지만, 이 참상 앞에서 저는 미칠 것만 같습니다. 여기 이 사람들이 눈에 보이십니까? 이들이 계속해서 살아야 할 이유가 무엇입니까?"

"그렇다면 우리 역시 이런 세상에서 더 살아야 할 이유가 있을까요? 그게 무엇일까요?"

  내가 그에게 물었다.

  참으로 이 세상이 우리가 필요로 하는, 우리가 이해하는 그런 신과 함께 하는 곳이라면 그때 세상은 살 가치가 전혀 없는 곳이다. 끝이 있는 생명, 합리화되는 신, 이성적으로 이해되는 세상은 아무런 가치가 없을 뿐만 아니라 물론 존재하지도 않는다. 비밀은 어딘가 다른 곳에 숨어 있다. 고통 속에서 하느님을 찾으려는 시도는 헛수고일 때가 잦다. 그러나 하느님 없이는, 고통은 해석되지 않는다. 또한 잘못된 종류의 신과 함께하는 것으로는 위안을 찾을 수 없다. 하느님 안에서 고통을 바라보는 것, 그것이 더 자연스럽다. 그때 우리는 고통을 통해 참된 하느님을 알게 된다.

교회가 십자가에 못 박히신 하느님을 선포한다는 것이 진정으로 놀랍지 않은가! 얼마나 솔직하고 얼마나 진실한가! 우리의 생각에 비추어 정말 놀랍도록 혁명적이고 파괴적이지 않은가! 유다인들에게는 "비위"에 거슬리고 그리스인들에게는 "어리석게" 보이는 (1 고린토 1:23) 십자가에 못 박히신 하느님, 합리적인 논리로는 도저히 받아들일 수 없는 자발적으로 패배한 모습을 취하시는 하느님을, 교회는 고백한다. 수많은 순교자들의 희생으로 고백되고 승리하시는 하느님, 박해 속에서 생동하시고 죽음에서 부활하시는 하느님.

하느님의 형상에 따라 지어진 인간이 자멸을 초래하고 서로 학살하며 하느님께 등 돌린다. 하느님께서 인간을 불멸의 존재로 창조하셨으나 그들은 죽음을 택하고, 영광의 존재로 창조하셨으나 불명예를 택한다. 하느님은 "이 땅에 평화"를 선포하기 위해 겸손한 모습으로 세상에 오셨음에도, 이로 인해 죄 없는 아기들이 무수히 죽어야만 했다. 어느 누가 이 끔찍한 집단적 범죄를 설명할 수가 있단 말인가? 요셉에게 이집

트로 피난하라고 알려준 천사는 이 죄 없는 아이들의 학살이 일어나지 않도록, 아이들의 죽음으로 인해 부모들이 고통받지 않도록 왜 더 좋은 방안을 선택하지 않았단 말인가? 왜 이 엄청난 역사적 오점을 남겨야만 했단 말인가?

현세를 한순간의 덧없는 세상으로만 바라본다면 그라마티코에서의 추락은 비극적이고 부당하고 막막한 사고임에 틀림없다. 하지만 인간이 가진 영원의 관점에서 바라본다면 그것은 단순한 사건에 불과하다. 순간을 사는 이에게는 사람들이 사라지는 것처럼 보일 것이다. 하지만 영원을 바라보며 살아가는 이는 인간적으로는 고통을 느낄지라도 "사람으로서는 감히 생각할 수도 없는" 위로를 받는다. (필립비 4:7) 사랑하는 가족들이 부당하게 고난을 당할 때 영화로워진다는 것을, 끝날 때 하느님 안에서 온전해진다는 것을 깨닫는다. 그리고 우리는 그들의 얼굴을 통해 그리스도의 얼굴을 명확히 볼 수 있게 된다. 눈에 보이는 것으로 인한 고통 속에서 감미로운 희망과 보이지 않는 것을 경험하며 살아간다.

✧ 십자가의 수난을 겪은 뒤
슬픔 없는 영원으로 떠나는 영혼의 여정

"영원한 삶에 대한 믿음을 붙잡고 싶어요."

종종 나는 하느님에 대한 불만에 사로잡힌다. 성서에서 기록하는 것처럼 하느님께서는 정말 보기 좋게 세상을 지으셨는데, 그 세상은 우리에게 큰 실망을 안겨 주기 때문이다. 지금 이 세상의 지배자는 사탄이다. 왜? 이해가 되지 않는다. 왜 하느님께서는 그토록 아름답게 세상을 창조하시고는 악과 어둠의 세력들이 이곳을 지배하게 하셨을까? 이런 와중에도 별처럼 떠오르는 소수의 위대한 인물들은 어째서 심한 고문과 박해와 고통을 겪고, 그마저도 대부분은 때 이른 죽음을 맞는 것일까? 나의 하느님, 당신께서는 저희에게 왜 이러시는 건지요? 구제할 길 없는 삶의 한가운데서 저희가 가진 보잘것없는 위안을 왜 그렇게 고통스럽게 빼앗아 가시는 건지요? 이것을 어떻게 당신의 사랑과 조화시킬 수 있겠습니까? 당신의 전능을 믿는 저희가 어떻게 이것을 정당화할 수가 있는지요?

이 질문에 대해 만족스러운 대답을 찾기란 정말 어려운 일이다. 그런데 또 다른 한편으로, 하느님의 사랑과 그분의 능력은 나에게 지극히 당연한 것이기도 하다. 아니, 그것을 의심해 보려 해도 결국 나에게 돌아오는 것은 그에 대한 확신뿐이다.

생명에서 참된 생명으로

정감이 가는 한 아가씨를 만난 적이 있다. 그녀의 시선은 모든 것을 꿰뚫어 보는 듯했으며 계시적이었다. 보기 드문 위엄과 기품이 흘렀고, 공손하고 또 어떤 초월적인 겸손함을 갖추고 있었다. 그녀를 만나고서 경외심과 경이로움을 느끼지 않는 사람이 있다는 것은 상상할 수가 없었다.

꽃처럼 아름다운 이 여성은 불치병으로 무려 8년 동안이나 견디기 힘든 고통을 겪었다. 하지만 단 한 번도 불만을 드러낸 적이 없었다. 의문을 품지도 않았다. 그녀의 삶의 방식과 태도는 "나는 거역하지도 아니하고 꽁무니를 빼지도 아니한다"는 예언자의 말이 진리임을 확인해 주었다.(이사야 50:5) 그녀는 우리가 알 수 없는 어떤 비밀스런 방법으로 의사들의 예측을 계속해서 빗나가게 만들었다. 모두의 생각과는 달리 그렇게 4년 동안 병마의 고통을 미소로 견디며 작은 전쟁에서 반복적으로 승리했고, 하느님께서 계획을 수정하시도록 만들었다.

나는 이 기간 동안 그 불굴의 영혼의 비밀을 접하는 축복을 누렸다.

우리는 현생과 관련된 대화는 하지 않았다. 왜 이런 일이 생겼는지, 어떤 기적이 일어나야지 죽지 않을 수 있는지와 같은 이야기는 나누지 않았다. 우리는 저편 너머의 세상의 아름다움과 진리만을 끊임없이 탐구했다. 그녀의 용기는 나에게 깊은 인상을 남겼다. 고통 앞에서는 인간적으로 나약한 모습을 보이기도 했지만, 죽음 앞에서는 전혀 그렇지 않았다. 그녀는 본인이 없는 세상을 아주 쉽게 받아들였다. 자신은 고통 속에 있으면서도, 다른 사람들과 즐겁게 다음 생에 대해 이야기를 나눴다. 그녀의 존재는 자극적일 만큼 가볍고 온화했다. 한마디로 천사와 같았다!

그녀가 세상을 떠나기 몇 달 전, 마지막이 될지도 모르는 고백성사를 위해 나를 찾아왔다. 그리고 고백성사 마지막에 내게 한 가지 부탁을 했다. 자신의 장례를 치러 줄 것과 유산을 책임져 달라는 것이었다.

"주교님, 제가 죽고 난 후 당신께서 그것을 유용히게 사용하실 때 제가 여전히 살아 있음을 아실 거예요. 저는 세상을 떠나지만 그것이 끝이 아니라는 증거가 되겠죠."

"난디아, 먼저 떠나는 사람이 다른 사람을 영접할 준비를 하는 거란다."

"주교님, 제가 먼저 떠나게 될 거예요. 제 모습이 안 보이세요? 제 폐는 이미 제 기능을 상실했어요. 지금 제가 얼마나 힘들게 호흡을 하고 있는데요."

"얘야, 그것은 큰 의미가 없단다. 예기치 않은 사고나 뇌 질환일 경우라면 말이 달라질 수 있겠지만."

"주교님께서는 이곳에서의 시간이 더 많이 필요해 보이시네요."

"왜? 너는 더 적게 필요하고?"

"저는 이미 다음 세상을 향해 뱃머리를 돌렸어요."

"그것을 네가 어떻게 알지? 하느님께서는 기적을 행하실 수가 있어. 의사들의 판단과 예후가 빗나간 경우가 한두 번이 아니었잖아? 얘야, 너는 하느님께 기적을 보여 달라고 기도하지 않니?"

"저를 위해서요?"

"물론 너를 위해서지."

"아니요. 지금까지 수많은 기적을 보여 주셨는데 제가 어떻게 다른 기적을 원하겠어요. 다른 사람들에게 기적을 보여 주셨으면 해요. 그 기적을 기다리며 고통을 감내하고 있는 수많은 사람들이 있거든요."

이런 마음씨를 가진 사람에게 하느님께서 어찌 기적을 행하지 않으실 수가 있겠는가? 배려의 마음으로 기적을 구하지 않는 그녀에게 어찌 은혜를 베풀지 않으실 수가 있겠는가? 타인을 생각하는 그녀의 겸손하고 고귀한 마음의 소리를 어찌 듣지 않으실 수가 있겠는가? "짧은 세월 동안 완성에 도달한 그는 오래 산 것과 다름이 없다. 그의 영혼이 주님의 뜻에 맞았기 때문에"(지혜서 4:13)라는 말씀처럼 난디아는 서둘러 저 높은 곳으로 오르려 했다. 이 세상의 시나리오보다는 하늘나라에 더 잘 어울리는 사람들, 그들이 너무나 이르게 영원으로 돌아간다는 것은 참으로 안타까운 일이 아닐 수가 없다.

몇 달이 지난 어느 날, 난디아가 병원에 입원했다. 모든 징후가 그녀의 삶의 불씨가 꺼져가고 있음을 나타냈다. 입원 소식을 듣고서 나는 그곳으로 향했다.

"난디아, 좀 어떠니? 오랜만이구나."

"주교님, 여기서 주교님을 다시 뵈니 정말 기뻐요! 주교님, 저를 위해 기도해 주세요. 제 목숨을 위해서가 아니라, 제가 영원한 여행을 무사히 떠날 수 있도록 말이에요. 주교님을 뵙고 꼭 부탁드리고 싶었던 거에요. 이제 기적은 끝났어요. 견딜 수 없을 만큼 통증이 심해요. 어서 이곳을 떠나고 싶어요. 이것도 죄가 되나요?"

"어떤 것이 더 좋겠니? 고통스럽더라도 하느님의 손길 안에서 우리와 함께 머무는 편이 좋겠니? 아니면 한 시간이라도 먼저 떠나 우리들에게 이별의 아픔을 주는 게 좋겠니?"

"사랑하는 여러분들이 저로 인해 아프지 않고 제가 하느님의 손길 안에 있기를 바라요. 그렇게 느끼고 있어요. 큰 축복이죠! 그런데 왜 저는 은혜를 모르고 사는 걸까요?"

"얘야, 네가 알아야 할 게 있단다. 나는 네가 떠나는 것을 슬퍼하지 않아. 왜냐하면 우리는 헤어지는 것이 아니기 때문이지. 또한 이것이 너의 끝이라고 생각하지도 않고. 단지 네가 몹시 고통스러워하고 괴로워하는 모습을 보면서 마음이 많이 아픈 거란다."

"주교님, 지금 대화를 나누고 있는 이 순간에도 저는 통증으로 무척 힘들어요. 하지만 말씀하신 것처럼 괴롭지는 않아요. 저는 하느님의 현존을 느끼면서 무한한 기쁨을 누리고 있답니다. 만일 몸이 아프지 않아서 제 영혼이 하느님의 현존을 느끼지 못했다고 생각해 보세요! 지금 저는 정말 행복하답니다."

"다음 삶을 어떻게 느끼고 있는지 말해 줄 수 있겠니? 다가오는 것 같아? 두렵니? 긴장돼?"

"주교님, 저는 그것이 어떤 다른 삶이 아닌 실제적인 삶처럼 느껴져요. 이게 맞는 건가요? 저는 그곳에 들어갔다 나왔다 하고 있어요. 거기 들어가면 영원이 나를 어루만져 주고, 이곳으로 돌아오면 무척 고통스럽고 약간 두렵기는 하지만 모든 분의 사랑과 격려가 감미롭습니다. 이 모든 것이 다 하느님의 것이니 그분의 뜻대로 이루어졌으면 좋겠어요. 여러분과 함께하면서 제가 누리는 기쁨은 이루 말로 표현할 수가 없어요. 저는 정말 모든 분을 사랑해요. 다만 저를 그런 식으로 지켜보면서 아파하지 않으셨으면 합니다. 이런 말씀을 드려 죄송해요."

"우리가 너의 형제자매들인데 어찌 함께 아파하지 않을 수가 있겠니. 하지만 동시에 우리가 나누는 사랑으로 기쁨도 누리고 있단다. 난디아, 내가 한 가지 말해 줄 게 있단다. 사람은 네가 겪는 것과 같은 고통 속에 있다가 세상을 떠날 때가 왔다고 느끼면 내면 깊은 곳에 두 가지의 감정이 생겨난다고 하지. 하나는 혼자라는 외로움이고, 또 하나는 끝이라는 어둠이야. 그런데 사랑은 온기를 제공하고 믿음은 희망이라는 빛을 주니 우리와 깊은 사랑을 나누고 또 신실한 믿음을 가지고 있는 난디아는 혼자라는 외로움도 느끼지 않을 테고, 어둠 속에 갇히는 것도 아니란다."

"주교님, 저는 그렇게 큰 믿음을 가지고 있지 않아요. 교회 생활을 열심히 하는 그런 신실한 그리스도인도 아니고요. 교회는 다녔지만 교회에 익숙하지 않은 제 자신을 느끼곤 했답니다. 또한 저는 많은 것을 이해하지 못했어요. 하지만 이 생에 계속 머무르는 한 저는 어둠 속에 있게 될 것 같아요. 안개 속에 갇힌 느낌이라고 할까요. 아무튼 저는 미래에 대한 희망을 가지고 있어요. 저희에게 자주 말씀하시던 그 미래 말이에요. 세상은 그만한 가치가 없어요. 주교님께 진심으로 감사를 드리고 싶어요. 주교님, 제게 손 좀 주시겠어요? 그 손에 입을 맞추고 싶어요."

그녀가 나의 손에 입을 맞췄다. 내 안에 있던 하느님의 축복이 모두 난디아에게로 전해지는 듯한 느낌이 들었다. 그것은 지금껏 성직자로 살아오면서 내가 경험한 가장 진실되고 강력한 입맞춤이었다. 성직의 권능을 생동감 있게 느꼈다. 나에게서 "기적의 힘이 뻗쳐 나"간 것(루가 8:46)이 느껴졌다.

"얘야, 왜 그렇게 내 손을 꼭 쥐고 있니?"

내기 난디아에게 물었디.

"영원한 삶에 대한 믿음을 붙잡고 싶어요."

"그런데 너는 지금 덧없는 걸 붙잡고 있는걸."

"주교님, 저는 제가 아는 사람의 손이 아니라, 하느님을 제게 알려 주신 분의 손을 잡고 입을 맞추는 거랍니다."

당시 나는 난디아를 위해 카마리자에서 가져온 넥타리오스 성인의 유해가 담긴 상자를 갖고 있었다. 난디아가 경배를 드릴 수 있게 상자를 밖으로 꺼냈다. 성인께서 영원으로 향하는 그녀의 여정에 큰 힘이 되어 주실 것이다. 성해함을 열자 아름다운 향기가 가득 흘러나왔다. 항상 있는 일이 아니었다. 흔치 않은 이 현상이 나타나자 나는 기쁨을 감출 수가 없었다. 그것은 성인께서 우리에게 이렇게 말씀하시는 것과 같았다. '질문을 품고서 스스로를 괴롭히지 말라. 대답을 얻기 힘들 뿐만 아니라 또한 그대들은 그것이 필요하지도 않다. 하느님께서 당신과 함께하고 계심에 만족하라.'

"난디아, 성해에 경배하렴. 성인께서 아름다운 향을 내뿜으시는구나. 이것은 너를 세상에 더 오래 붙드시겠다는 게 아니라 하늘에서 너를 맞이할 준비를 하고 계신다는 의미 같다. 성해에서 나오는 형언할 수 없는 이 향기가 영원한 하늘나라의 진리를 보여 주고 있구나."

난디아가 남아 있는 온 힘을 다해 몸을 숙였다. 그리고 십자성호를 그은 후 성해에 입을 맞췄다. 그녀의 눈에서 눈물이 흘러내렸다.

"저는 죄인이랍니다. 혹시 제가 떠날 준비가 안 된 것은 아닐까요?"

그녀가 내 손을 꼭 잡고서 말했다.

"제가 이곳을 빨리 떠나려고 하는 게 그곳으로 가기 위한 것보다 이곳에서 벗어나기 위한 것이 더 큰 것 같아요. 참으로 세속적이고 나약한 믿음이네요. 주교님, 고백성사를 할 수 있을까요?"

나는 영대와 오모포리오(주교용 어깨걸이)를 꺼냈다.

난디아는 놀라울 정도의 섬세한 양심으로 가슴 깊은 곳에 있던 이야기들과 비교적 먼 과거에 대해 말해 주었다.

"난디아, 죄의식은 갖지 않아도 된단다. 그리고 마음을 편히 가지렴. 너의 회개는 진솔했단다. 기억하지 못한 것이 있었다 해도 크게 걱정하지 말거라."

"죄의식은 느끼지 않아요. 단지 하느님 품에 제가 안기게 된다면 최대한 적게 그분의 품을 더럽히고 싶어요. 하느님께서 저를 기다리고 계시다는 느낌이 있지만 제가 합당하지 못하다는 생각도 들어요. 하느님께서 저를 받아주실지 확신이 안 서네요. 확신은 제게 무례처럼 여겨져요. 불확실성과 나약한 믿음, 두 가지 다 죄잖아요."

"너는 둘 중 무엇을 가지고 있니?"

"둘 다요"

"난디아, 내 말 잘 들으렴. 우리는 합당해서 낙원에 가는 것이 아니라 그곳을 갈망하고 또 추구하기 때문에 가는 거란다. 하느님의 사랑은 우리의 가치는 물론 성인들의 가치, 더 나아가 우리 모두의 가치보다 훨씬 더 크시단다. 너는 그것을 겸손하고 진실되게 갈망하고 있지 않니?"

"제 온 마음을 다해서요. 고통에서 벗어나는 것보다 더 애타게 원하고 있어요."

난니아의 어조는 전혀 감징직이지 않았다. 그녀는 내게로 시선을 돌렸다. "사람으로서는 감히 생각할 수도 없는 하느님의 평화"(필립비 4:7)가 그 시선 속에 담겨 있었다. 난디아에게서는 벌써 이면의 다른 특징들이 나타나고 있었다. 덧없는 현세보다 영원에 훨씬 더 가까이 다가가 있었다. 이런 사람들 옆에서는 사후의 삶에 대한 질문은 의미가 없다. 이들은 고통을 겪고 있다 할지라도 우리에게 사후의 삶을 확인시켜 주기 위해 우리 곁에 더 오래 머무른다.

나는 죄를 고백한 그녀를 위해서 사죄의 기도문을 읽었다. 난디아는 그렇게 자신에게서 마지막 죄도 비워 냈다. 이제 남은 것은 그녀의 맑고 깨끗한 영혼의 향기로 낙원을 가득 채우는 일이었다. 하느님께서 그것을 허락하시는 그날까지, 우리는 축복받은 그녀의 삶의 향기를 만끽하게 될 것이다. 난디아를 사랑하는 만큼, 우리는 그녀의 안식보다는 그 향기를 더 오래 누릴 수 있기를 바랐다.

다행히도 하느님께서는 서두르지 않으셨다. 며칠이 지났다. 난디아는 자신의 축복받은 세상과, 불완전함에도 불구하고 지극한 사랑의 아름다움이 있는 이 세상 사이를 오가고 있었다. 감정보다는 믿음으로 표현하는 사랑, 고통 속에 떠나가는 형제를 보며 그동안 그가 겪은 아픔이나 곧 다가올 이별을 슬퍼하기보다 그가 살아온 삶의 위대함을 은밀한 기쁨으로 마주하게 하는 우리의 사랑 말이다.

그렇게 시간이 흘러갔고 난디아는 하루하루 고통을 감내했다. 어떤 이유에서인지 하느님께서는 그녀를 놓아주지 않으셨다. 나는 평소처럼 복잡한 마음을 안고 병원으로 향했다. 난디아가 나를 보고 말했다.

"주교님, 십자가 경배주일이었던 어제, 라디오에서 그 의미에 대해 말하는 걸 들었어요. 저는 그것을 정확히 몰랐거든요. 그리스도께서 부활하심으로써 우리도 부활하게 되었다고 하던데 저는 죽음이 두렵네요."

"얘야, 죽음이 없으면 부활도 없단다. 부활은 죽음을 전제로 하지. 생명으로 들어가기 위해서는 먼저 이 세상을 떠나야만 해. 그렇지 않다면 생명으로 돌아올 수가 없단다. 그래서 교회에서 말하는 모든 것들이 바로 십자가 위에서의 죽음과 그 뒤에 오는 부활에 대한 것이란다."

"주교님 말씀이 맞아요. 방송에서도 그렇게 말했어요. 그런데 저는 약해지고 있네요."

"그리스도께서도 죽음 앞에서 약해지는 모습을 보여 주셨지."

"저처럼 약해지진 않으셨을 거라 생각해요. 분명 저와는 다른, 저를 초월하는 다른 뭔가일 거예요. 그런데 저는 왜 이렇게 두렵고 신앙심이 약해지는 것 같을까요? 저의 인생이 끊임없는 기적이었고 언제나 하느님께서 제 곁에 계셨는데 지금은 홀로 남겨지는 것 같아 두려워요."

"그렇다면 너는 여기서 영원히 머물고 싶은 거니?"

"아니요! 더 이상 이곳에 있고 싶지 않아요. 이제 시간이 얼마 남지 않았다는 걸 알고 있고 그것 때문에 괴롭지는 않아요. 하지만 죽음의 방식이 저를 두렵게 하네요. 고통, 불쾌함, 숨을 쉴 수 없는 상태를 떠올리면 초조함이 몰려와요. 주교님, 제가 잠을 자다가 떠날 수 있도록 기도해 주세요. 그러면 아무것도 느끼지 않을 수 있잖아요. 그리고 여러분들의 마음도 아프게 하고 싶지 않아요."

"주님의 부활의 진정한 의미 속에서 떠나고 싶니?"

"십자가-부활 속에서 떠나고 싶어요."

"무슨 의미지?"

"정확히 무슨 의미인지는 저도 잘 모르겠어요. 하지만 주교님께서 좀 전에 말씀하셨던 죽음과 부활의 결합이 저는 맘에 들어요."

"네가 성 대 금요일에 떠나면 우리가 부활절 기간에 하는 장례 예식을 거행할 수 있는데 그건 어떨까?"

"그때까지 제가 살아 있을 거라고 보세요?"

"글쎄, 나는 그보다 더 오래 버틸 수 있을 거라 생각하는데."

"저는 여기까지라고 생각해요. 이 세상에 제가 더 이상 있을 필요가 없어요."

"네가 그것을 어떻게 알지? 세상이 너를 필요로 할 수도 있어."

"제가 이런 상태인데도요?"

"그래, 진정한 네 모습으로 말이야."

"아무튼 이런 대화를 나눌 수 있어 정말 행복해요."

성 대 목요일에도 난디아의 심장은 뛰고 있었다. 그날 교회에서는 네 개의 복음경에서 발췌된 열두 편의 성서 봉독이 이뤄졌다. 난디아는 며칠째 의사소통을 하지 못하고 있었다. 심장 박동은 점점 느려졌고 호흡도 약해졌다. 이 세상의 모든 공기가 소진돼 버린 것처럼 보였다. 시계가 23시 58분을 가리켰다. 심장이 가늘게 떨렸다. 그리고 성 대 금요일에 들어선 12시 자정, 난디아는 마침내 이 세상과 작별했다.

그녀는 보기 드물게 신중하고 섬세한 존재의 생생한 기억을 세상에 남겼다. 그리고 매우 고통스러운 이별의 흔적을 남겼다. 일시적인 것이 지배하는 이 세상보다 하느님 나라에 더 합당한 사람이라는 사실을 남기고 떠났다.

난디아는 원했던 것처럼 주님께서 십자가에 못 박혀 돌아가신 날에 눈을 감았다. 장례는 부활절이 지나고 맞는 첫 번째 화요일에 부활 장례 예식으로 거행되었다. 이보다 더 적절한 십자가-부활 발인은 있을 수 없었다.

난디아의 무덤을 방문했을 때 다른 사제들은 눈에 띄지 않았다. 나는 그녀를 위해 마지막 부활 추도식을 거행했다. 너무도 기쁘고 감격에 찬

마음으로 부활 찬양송을 불렀다.* 왜냐하면 "무덤에 있는 자들에게 생명을 베푸셨나이다"라는 마지막 가사가 난디아의 경우와 너무도 잘 맞았기 때문이다. 그녀의 얼굴은 무척 아름다웠다. 마치 평화롭게 잠을 자는 것처럼 보였다. 가장 진실된 세상을 영적으로 즐기는 것 같았다. 하느님 품에서 진정한 안식을 누리고 있었다.

하느님께서는 다시 한번 우리의 마음을 쓰라리게 하셨다. 우리는 그분을 이해할 수 없기 때문이다. 하지만 난디아는 그런 우리를 이해하기에, 우리를 위로하려 애썼다. 더 적게 아파하고 하느님을 더 많이 사랑하도록 만들었다. 하느님께서는 우리가 등질 이 세상만을 만드신 것이 아니라, 영원한 생명이 있는 또 다른 세상도 만드셨기 때문이다. 난디아는 이 세상에 하느님의 빛을 투영한다. 결국 죽음은 그녀를 이기지 못했다. 그녀의 삶이 그녀를 드높였다. 더 정확하게 표현하자면, 그녀의 생명이신 하느님께서 그녀를 영광스럽게 만느셨다.

"니콜라오스 신부님, 저의 장례를 위해 써 주세요."

나의 사목 활동은 몇몇 영적 스승들의 은총이 있었기에 가능했다. 이 세상에서 두 번 다시 만나 뵙기 힘들 분들로, 나는 이 노스승들께 언제나 각별한 존경심을 가지고 있었다. 2년 반 동안 아토스 성산에 머물 때

---

* 정교회에서는 추도식이 부활 후 첫째 주간에 이루어질 때는 "거룩한 하느님이여, 거룩하고 전능하신 이여, 거룩하고 영원하신 이여, 우리를 불쌍히 여기소서"를 세 번 읽는 대신 부활 찬양송 "그리스도께서 부활하셨네. 죽음으로 죽음을 멸하시고 무덤에 있는 자들에게 생명을 베푸셨나이다"를 세 번 부른다.

에도 나의 시선은 그런 보석 같은 분들에 집중되었다. 그분들의 학식은 그리 높지 않았다. 외적인 풍모도 인상적인 데가 없었으며, 삶 역시 전혀 눈에 띄지 않았다. 그럼에도 나에게 있어 그분들은 보물창고와 같았다. 풍성한 내면의 보화를 일절 드러내지 않으셨지만, 마치 블랙홀처럼 가장 강력한 중력장을 가지고 계셨다.

그런 영적 스승들로부터 나는 삶에 대해 배웠고, 내 인생에 대해 가르침을 받았다. 나로 하여금 참된 철학의 비밀을 사색하게 만드셨고, 성직의 중요성을 일깨워 주셨다.

내가 미국에 머물던 1980년대, 그때 나와 가장 친했던 벗들은 같은 또래인 대학 동급생들이 아니었다. 92세의 야니스 할아버지, 매사추세츠 주 윈스럽에서 오신 야니스 할아버지의 형님인 96세의 코스타스 할아버지, 85세 정도 되셨던 스타브룰라 할머니 그리고 모임에서 가장 젊으셨던 78세의 코스타스 할아버지였다. 야니스 할아버지는 당신께서 가지고 계셨던 가장 좋은 양복을 내 축일 선물로 주시고 싶어 하셨다. 그 옷은 할아버지가 결혼식 때 입기 위해 직접 손을 보신 정장이었다. 하지만 그 결혼식은 끝내 열리지 못했다. 그 옷은 그분께 있어 가장 소중한 것이었다. 나는 그 선물을 도저히 받을 수가 없었다. 할아버지의 호의는 깊은 사랑을 담고 있었지만 터무니없었다. 어쩌면 그렇기 때문에 더 가치 있는 선물이지 않았나 싶다.

큰 축일에는 우리끼리 예배 후에 던킨도너츠를 먹으러 가곤 했다. 흔히 생각지 못할 친구 모임이었다. 구성만 봐도 내게 전혀 어울리지 않았다. 하지만 그분들께 나는 참으로 많은 것을 배웠다. 1895년생이셨던 야니스 할아버지는 1916년에 미국으로 건너가셨다. 그에 앞서 형님인 코스타스 할아버지가 1911년 그의 나이 스무 살에 먼저 미국으로 향하셨다. 그분들의 위대함은 오래 살아온 인생의 경험에 있는 것이 아니었다. 당시에는 자연스런 영적인 언어였지만 이제는 사라져가는, 귀중한 그 시대의 내적인 삶의 경험을 전달하는 데 있었다.

그리스 아테네의 주님 승천 성당(아토스 성산의 시모노 페트라스 수도원 소속)에서 봉직하던 당시 그곳에는 내 시선을 끄는 할머니 한 분이 계셨다. 허리가 굽은 87세의 안나 할머니께서는 매일 지팡이에 의지해 느린 걸음으로 교회에 와서 예배를 드리셨다. 그분의 본향은 카파도키아였고, 빨갛게 충혈된 눈에 말씀이 거의 없으셨으며 얼굴은 언제나 검은 스카프로 거의 가린 상태였다. 젊어서 남편을 잃으셨고, 두 자녀들도 일찍 곁을 떠나 홀로 외롭게 살고 계셨다. 할머니의 친구는 이콘, 예배, 끊임없는 기도였고, 위로와 희망은 교회였다. 그분의 믿음은 기적, 개인적인 경험, 살아 있는 전승에 기반했다. 나는 몇몇 젊은 여성 신도들에게 부탁해 안나 할머니를 돌보도록 하곤 했는데, 오히려 그녀들이 할머니의 놀라운 삶을 보고서 많은 것을 배우기를 원했다.

그러던 어느 날, 안나 할머니의 몸에서 이상이 발견되었다. 귀 뒤에 작은 귤 정도 되는 크기의 혹이 생긴 것이다. 할머니는 얼굴을 가리고 있던 스카프를 벗고서 그 혹을 내게 보여 주셨다. 나는 우선 아는 의사가 근무하던 에반겔리스모스 병원을 소개했다. 그리고 후에 다시 성 사바스 병원으로 할머니를 모셨다. 의사들의 공통된 견해는 안나 할머니가 고령이시니 혹을 건드리지 말고 지켜보자는 것이었다. 나이가 많으면 혹의 성장이 상대적으로 느리기 때문이었다.

하지만 안나 할머니는 많이 불편하신 듯했다. 교회의 성찬예배가 끝난 후에 찾아오셔서는 성창(聖槍)*으로 그 혹에 십자성호를 그어 달라고 요청하셨다. 고전적인 교회 교육을 미처 다 익히지 못한 젊은 사제였던 나는 할머니가 말씀하시는 것을 제대로 파악하지 못했다. 나는 할머니의 말씀에 따라 기원예식서를 펼쳐 들고 적절한 기도를 찾았다. 이어서 할머니께서 가까이 다가와 스카프를 내리셨고 나는 십자성호를 긋고 축복을 했다.

2주 후, 안나 할머니를 방문했던 한 교인이 작은 봉투 하나를 받아서 가져왔다. 내가 물었다.

"이게 뭔가요?"

"저도 잘 모르겠습니다. 안나 할머니께서 특별한 말씀 없이 신부님께 전해 달라고 부탁하셨어요. 나중에 할머니께서 신부님께 직접 말씀하시지 않을까요? 아무튼 할머니의 귀가 괜찮아졌다는 소식은 제가 신부님께 전해 드려야 할 거 같아요."

나는 그 봉투를 받아 열어 보았다. 봉투 안에는 4만 드라크마(약 120유로)가 들어 있었다. 그리고 작은 메모지에는 이렇게 적혀 있었다. "하느님의 종 안나의 회개와 건강을 위하여."

나는 메모지를 꺼내서 잘 두고는 봉투 안에 4만 드라크마를 더 넣었다. 그리고 그것을 교인에게 돌려주면서 안나 할머니께 거스름돈을 돌

---

* 예수 그리스도의 옆구리를 찔렀던 창을 의미하며, 정교회에서 성찬예배를 드릴 때 봉헌빵에서 성체(聖體)가 될 부분을 옮길 때 사용한다.

려드리는 것이라고 말해 줄 것을 부탁했다.

그날 오후, 안나 할머니께서 당황한 기색이 역력하셔서는 서둘러 교회를 찾으셨다.

"안나 할머니, 괜찮으세요? 몸도 불편하실 텐데 누워 계시지 왜 일어나 나오셨어요?"

"신부님, 이러시면 안 돼요. 제 돈을 받아 주세요. 당신께 드리는 것이 아니라 교회에 바치는 거예요."

"안나 할머니, 교회에 그 돈이 필요하지 않아요."

할머니는 대답 대신 스카프를 벗어 귀 뒤를 보여 주셨는데 혹이 거의 사라지고 없었다. 보고도 믿을 수가 없었다. 내가 놀라워하며 물었다.

"안나 할머니, 어떻게 된 일이죠?"

"신부님, 교회의 약이 의사들이 처방하는 약보다 훨씬 좋아요. 그래서 제가 신부님께 약값처럼 돈을 보내 드린 겁니다."

"네, 그렇군요. 하지만 교회는 약값이 전혀 들지 않아요. 그리고 할머니도 생활이 넉넉하지 않으시잖아요. 그래서 제가 거스름돈을 보내드린 거랍니다."

"신부님, 부탁드립니다. 저의 성의를 받아 주세요."

매년 부활절마다 나는 운영위원 한 명과 함께 지역에 사시는 할아버지, 할머니를 방문해 빨갛게 물들인 달걀과 교회에서 만든 과자를 축복처럼 그분들께 나눠 드리면서 "그리스도께서 부활하셨네" 성가를 불렀다. 어느 해인가, 거동이 불편해서 더 이상 집 밖으로 나오지 못하고 계시는 안나 할머니의 댁을 찾아갔다. 우리는 방에 들어가 성가를 불렀다.

그러자 할머니는 "죽음의 죽음을 찬미합시다"라는 성가도 부탁하셨다.* 할머니는 흥분을 감추지 못하셨다. 우리도 자리에 앉아 그분의 믿음과 지혜를 만끽했다. 할머니께선 이 세상을 떠날 날을 간절히 고대하고 계셨다!

"그곳에 가면 우리는 죽음에 대해 노래하지 않고 생명을 찬양하게 되겠지요. 이 세상의 헛됨과 하느님의 실재를 깨닫는 사람은 참으로 복되다 할 것입니다."

안나 할머니의 말씀과 목소리가 지금까지도 나의 귓가를 맴돈다. 할머니는 의심 많은 사람조차도 설득할 수 있는 그런 방식으로 말씀을 하셨다. 그분은 또한 성서를 읽고 제대로 이해하셨다. 배움은 짧으셨지만 헤아릴 수 없는 깊이를 지니신 총명한 여성이셨다. 말씀은 극도로 아끼셨지만 얼굴 표정은 생기가 넘치셨다. 내면에 엄청난 보화를 감추고 계셨다. 누구라도 첫눈에 그것을 알 수 있었다.

"안나 할머니, 삶에 많이 지치셨어요?"

내가 여쭈었다.

"아니요. 생명을 기다리는 것에 지쳤어요. 이 세상은 죽음 너머를 볼 때에만 가치가 있거든요."

"당연히 남편과 아이들을 보고 싶으시겠죠."

---

* 부활 카논 7오디 중에 있는 성가로 가사는 다음과 같다. "죽음의 죽음을 찬미합시다. 지옥의 멸망과 영원한 생명의 시작을 찬미합시다. 기쁨으로 모든 일의 주역이신 분을 찬양합시다. 그분은 우리 선조들의 하느님이시니, 그분께만 찬미와 높은 영광을 돌립시다."

"네, 그래요. 하지만 그리스도를 뵙고 싶어요. 계시록에 기록되어 있는 것처럼요. 성인들이 부러워요. 또 신부님 같은 성직자들도요. 성직자들은 이 세상에서 하느님의 영광을 '얼굴을 맞대고' 보시잖아요. 하지만 우리는 내세에서나 그럴 수 있죠. 그래서 저는 한시라도 빨리 이곳을 떠날 수 있길 간구하면서도, 여러분들은 최대한 오래 사실 수 있게 기도를 한답니다. 여러분은 이곳에서부터 영원을 사실 수가 있으니까요."

1998년, 안나 할머니를 방문한 지 꽤 오랜 시간이 지났다. 나는 대사순절 기간 내내 아토스 성산에 머물다가 라자로의 부활 토요일 전날에 돌아왔다. 성 대 월요일, 나는 안나 할머니 이웃에 사는 교인을 통해 여느 부활절 때처럼 이번에도 할머니 댁을 방문해 "그리스도께서 부활하셨네" 성가를 부를 계획이라고 알려 드렸다. 성 대 목요일 오후, 예식이 시작되기 전 이웃에 있는 교인이 안나 할머니께서 부활절 만남에 대해 무척 고무되어 계시다는 소식을 내게 전해 주었다. 그리고 그녀를 통해 이런 말씀을 전하셨다.

"하느님께서 저를 잊어 버리신 것 같았는데, 우리가 "그리스도께서 부활하셨네" 성가를 부르는 것만으로도 저는 하늘에 오를 것입니다."

밤 10시 30분 성 대 목요일 예식이 끝났다. 성당에서 나오는데 전화가 왔다. 안나 할머니가 부활절 이전에 서둘러 떠나셨다는 소식이었다. 할머니는 당신이 사랑하시던 성직자들과 함께 부활절을 지내시기보다 천사들과 함께 "그리스도께서 부활하셨네"를 영원토록 노래하길 더 원하셨다. 나는 시신을 수습하고 장례에 필요한 여러 가지 것들을 정리하기 위해 그분의 댁으로 갔다. 할머니께 입을 맞췄다. 아직 온기가 남아 있었다. 시신을 수습하는 과정에서 베고 계시던 베개를 들어 올렸다. 그런데 그곳에는 이런 글귀가 적힌 봉투 하나가 놓여 있었다. "니콜라오스 신부님, 저의 장례를 위해 써 주세요." 그 안에는 10만 드라크마(약 300 유로)가 들어 있었다. 하느님께서 그분의 영혼을 영원히 기억해 주시길!

 장례 예식은 부활절이 지나고 맞는 첫 번째 화요일에 거행되었다. 할머니의 조카 한 분과 몇 명의 교인들이 참석했는데 많이 잡아야 스무 명 정도 되는 인원이었다. 내가 거행했던 첫 번째 부활 장례 예식이었다. 끊임없이 울려 퍼지는 "그리스도께서 부활하셨네" 성가가 안나 할머니의 고귀한 영혼을 배웅해 주었다. 분명 많은 천사들이 할머니의 영원한 여행에 동행했을 것이다. 할머니는 영원으로 성공적으로 미끄러져 들어가셨다. 정결하고 복된 요셉처럼, 육체의 "옷을 벗어 버리고" "불순종 이전의 첫 창조물들이 벌거벗은 것처럼" 그렇게 가볍게 영원한 안식처로 올라가셨다.*

---

* 야곱의 막내 아들로, 형제들의 질투와 핍박으로 이집트에 끌려가 종살이를 하던 그 요셉을 가리킨다.

✣ 알려지지 않은 한 성인의 안식

"이 세상을 떠나서 그리스도와 함께 살고 싶습니다."(필립비 1:23)

참으로 상처가 많았던 사람. 동시에 보기 드물게 온화하고 행복했던 사람. '모든 생각을 뛰어넘는 평화'가 특징인 사람. 그것이 너무도 훤히 보이던 사람. 초등학교 6학년 무렵, 그는 반란군들에 의해 어머니와 누이가 강제로 끌려가는 걸 눈앞에서 지켜보아야 했다. 얼마 후 총성이 울렸고, 다시는 만날 수가 없었다. 하지만 그는 잠시도 잊지 못했다. 그때까지 함께 살아왔던 그들의 모습을, 헤어지던 순간과 그 당시의 표정을. 그건 다름 아닌 아버지의 증오로 인해 벌어진 사건이었다. 아버지가 어머니와 누이를 고발한 것이다. 하지만 그 아버지마저도 어디론가 사라져 버렸다. 어린 시절 그의 영혼은 상처로 점철되었다.

어린이 보호소로 보내진 그는 그곳에서 구두 닦는 기술을 익혔다. 그렇게 테살로니키의 길가에서 구두를 닦던 어느 날, 한 예비역 장교를 우연찮게 만나 서로 대화를 나누다가 친구가 되었다. 장교는 그에게 사랑을 이야기했고, 몸소 그 사랑을 보여 주었다. 그에게 희망과 위로를 주었고, 교회로 인도했고, 영적인 지평을 열어 주었다.

그 후 그는 훌륭한 수도사들이 함께 수행하던 한 저명한 수도원에 들어가 수도사가 되었고, 보제 서품을 받았고, 모든 형제들을 섬겼다. 그는 가장 낮은 사람이 되기를 원했다. 형제들의 영광을 마치 자신의 것처럼 기뻐했고, 다른 이들의 성공과 은사를 보며 진심으로 행복해했다. 그렇게 그는 자신이 있어야 할 곳을 찾았고, 스스로를 발견했으며, 하느님을 만났다. 그리고 키릴로스라는 새 이름을 얻었다.

키릴로스 수도사님은 자주 이렇게 말씀하시곤 했다. "저는 하느님께 머리끝부터 발끝까지 빚을 진, 세상에서 가장 행복한 사람입니다." 그분의 입에서는 하느님에 대한 찬송이 끊이질 않고 흘러나왔다. 감미로운 음성을 지니셨고, 기억력도 탁월해 성서를 거의 외우다시피 하셨다. 수도원은 그분께 배움의 장이었다. 키릴로스 수도사님은 성대의 울림이나 입술이 아닌, 온 마음을 다하여 성가를 부르셨다. 그런 모습과 목소리를 보고 듣는 것은 기쁨이었다. 수도사님은 몇몇 소수의 사람들처럼 자신 안의 신성을 드높이셨고, 하느님의 형상에 따라 그 은사들을 명백하고도 은밀하게 발산하셨다. 단지 보여지는 것 그 이상의 존재셨음을 알 수 있다. 나이 육십의 어린 소년… 그분은 옷을 걸친 한 명의 천사셨다.

키릴로스 수도사님이 사랑하시던 주제는 하느님의 나라였다. 현생의 현안들을 빨리 끝내고, 내세의 충만함 속에서 살고자 하시는 모습이 역력했다. 영원한 지복에 참여하고, 하느님의 끝없는 영광을 관상하고, 하느님께서 약속하신 세상을 경험하고, 영원히 지지 않는 여덟 번째의 날을 살고, "사람의 말로는 표현할 수 없는" 말(2 고린토 12:4)을 듣고, 천사들과 교류하고, 성인들의 은총을 발견하고, 테오토코스*의 신비를 계시하고, 썩어 없어질 일시적인 것을 폐지하는 것 등이 그분께는 영속적인 기쁨이었다. 그분이 하셨던 모든 말씀, 일상에 대해 언급해야만 할 때 하셨던 말조차 '유익했고 적절했으며'(골로사이 4:6) 죽음이 아닌 생명을 불어넣어 주었다.

수도 공동체의 형제들은 하나같이 형용할 수 없는 경이로움을 가지고서 키릴로스 수도사님을 우러러봤다. 쉽게 말씀하시진 않았지만 수도사님은 이 세상을 너무도 떠나고 싶어 하셨다. 이곳은 그분께 "낯선 땅에서 나그네 생활을 하"는 곳(1 베드로 2:11)일 뿐만 아니라 스스로를 이방인이라고 느끼게 했다. 수도사님은 하느님과 죽음에 대한 확고한 갈망을 가지고 계셨고, 이런 이상에 매우 익숙하셨다. 그분의 마음은 이생에서 평온하지 못했다. 그래서인지 외양도 지나칠 정도로 소박했다. 수도복도 낡고 오래된 것이었다.

키릴로스 수도사님은 내가 봉직하던 아테네의 주님 승천 성당에 기회

---

* 그리스어 Θεοτόκος는 성모 마리아를 지칭하는 용어로, "하느님을 낳으신 분"이라는 의미이다. 제3차 세계 공의회에서 신앙의 규범으로 선언되었다. 이것은 성모 마리아의 신격화와는 아무 관련도 없는 것으로, 이 선언의 참된 목적은 마리아의 태를 통해 세상에 나오신 예수가 본성상 하느님이신가 아니면 단순한 인간인가라는 그리스도론의 문제였다. 예수의 어머니 마리아를 테오토코스라고 선언함으로써 예수는 하느님이심이 고백되었다.

가 닿을 때마다 방문하셔서 언제나 축복을 나눠 주셨다. 그리고 또 다른 축복들, 건포도, 아몬드, 깨강정, 초콜릿, 몇 권의 책자도 함께 들고 오셨다. 한 번도 빈손으로 오신 적이 없었다. 언제나 마음이 듬뿍 담긴 축복들과 함께 오셨다. 수도사님은 축복 기원이 끝나면 바로 거기에 어울리는 성가를 부르셨고, 그 영광스러운 입으로 형제들의 삶을 통해 보고 배운 아름다운 이야기들, 우연히 읽거나 듣게 된 시편 구절에서 받은 인상 그리고 그에 대한 분석, 교부들의 생각과 주석들, 성인들의 삶에 대한 인상적인 언급, 성서의 깊이에 대해 말씀하셨다. 그리고 언제나 당신이 사랑하시던 주제인 하느님의 나라에 대한 이야기, 낙원에서는 어떻게 살아가는지로 끝을 맺으셨다. 그것은 경험적 신학에서 흘러나오는 강물과 같았다. 이 모든 것에는 그분의 간절함과 깊은 겸손이 녹아들어 있었다.

어느 날, 수도원의 레온디오스 수도사님이 돌연히 영원한 잠에 드셨다. 중환자실에서 손쓸 겨를도 없이 아무도 모르게, 간호사들도 눈치채지 못하게 조용히 세상을 떠나셨다. 누구도 예상치 못했던 일이었다. 위엄 있고 비밀스러우셨던 레온디오스 수도사님은 그렇게 하느님께서 주셨던 은사와 함께 이곳을 떠나가시며, 알려지진 않았지만 위대했던 한 성인에 대한 기억과 느낌을 당신을 알던 모든 사람들에게 남기셨다. 그분이 어떤 삶을 사셨는지 아는 사람은 아무도 없었다. 레온디오스 수도사님을 무척이나 사랑하셨고 또 그와 지근거리의 거처에서 수행을 하셨던 키릴로스 수도사님조차도 알지 못하셨다. 오늘날까지도 그분에 대해 알려진 바가 없다. 불가해한 미스터리. 그것은 신비이자 절대적인 자기 비움, 충만한 은총이었다!

　장례 예식에서 키릴로스 수도사님은 깊은 슬픔에 젖으신 듯 고개를 떨군 채 한쪽 구석에 서 계셨다. 나는 수도사님을 이해할 수 있었다. 예기치 않게 갑자기 모든 인간적인 지지를 잃고 다시 고아가 되신 것이다. 위로의 말이 필요하실 것 같아 예식이 끝나갈 무렵 수도사님께 다가갔다.

　"키릴로스 수도사님, 장례 예식 때 고개를 푹 숙이고 계신 걸 봤어요. 다시 혼자가 되셨으니 이전보다 외로움이 더 크시겠어요."

　"꼭 그렇지는 않습니다, 신부님. 이제 우리는 하늘에서 가장 먼저 우리를 위해 중보해 줄 하느님의 진정한 장군을 가지게 되었답니다."

　"물론 그걸 모르는 바는 아니지만 수도사님 마음이 공허하신 것은 사실 아니겠어요? 우리가 어떻게 할 수 있겠나요. 앞으로 레온디오스 수노사님이 많이 그리우시겠지요. 예식이 진행되는 동안 깊은 생각에 잠겨 계신 수도사님을 지켜보았어요."

　"공허하지 않습니다. 하느님의 부재가 공허함을 낳는다고 생각합니다. 사람들의 영적인 목적지가 아니라요."

　그러면서 작은 목소리로 다음과 같이 말하듯 노래하셨다.

　"내가 갈망하던 고향을 나에게 주소서. 나를 다시 주님의 낙원의 시민이 되게 하소서."

　그리고 이어서 말씀하셨다.

　"하느님의 나라는 정말 우리가 갈망하는 고향이고, 낙원이고, 그래서 하느님 나라를 상속받는 이들을 축하해 주는 것일까요? 아니면 이 모든 것이 과장되고 무의미한 말들이고, 그래서 우리의 비극에 대해 눈물을 흘리면서 슬퍼하는 것일까요?

신부님, 오늘 제가 레온디오스 수도사를 얼마나 부러워했는지 상상도 못하실 겁니다. 천사단이 그를 영접하고 '얼굴을 맞대고서' 함께 기쁨을 누리는 모습을 떠올리면서 제 영혼이 그의 영광을 경축합니다. 천사들, 영광스런 성인들, 피의 순교로 성화된 순교자들, 선구자 세례자 요한, 사도 바울로, 성 대 바실리오스, 성 요한 크리소스톰, 테오토코스, 죽임을 당한 어린양 가운데에 서 있는 그를 생각해 보십시오. 오, 하느님! 그런데 우리는 이곳에서 그를 슬퍼하고 있습니다.

레온디오스 수도사가 하늘나라에 갓 입성한 오늘, 저는 그에게 우리에게도 하늘의 길을 열어 달라고 수없이 요청을 했습니다. 하느님께서 그의 말을 들어 주실 거라고 생각합니다. 분명 그는 하느님 앞에서 용기를 낼 거예요."

일주일 후, 키릴로스 수도사님에게서 황달 증세가 보였다. 우리는 수도사님을 병원으로 모셨다. 검사 후 마른하늘에 날벼락 같은 결과가 나왔다. 벌써 진행이 많이 된 급성 간암이었다. 외과 의사는 즉시 수술을 결정했다. 하지만 막상 개복을 해 보니 이미 암세포가 걷잡을 수 없이 퍼진 상태였다. 의사는 눈으로 보고도 믿을 수 없어 했다. 그는 두세 번의 문합술을 시행하고 나서 다시 봉합했다.

"키릴로스 수도사님이 나아지실 가망은 없어 보입니다. 최악의 상태입니다. 두 달을 넘기기 힘드실 것 같은데 항암치료를 시도해 본다 해도 석 달을 넘기기 어려우실 것으로 예상합니다."

수도원은 혼란스러웠다. 레온디오스 수도사님이 형제들을 천상으로 데려가기 위해 떠나셨다는 것을 그 누구도 믿지 못했다. 데려가셔야 한다면 키릴로스 수도사님이 아닌 다른 형제들을 데려가시길 바랐다. 하지만 키릴로스 수도사님은 이 모든 사실을 전해 들으시고는 기쁨을 감추지 못하셨다.

"이런 선물은 제가 전혀 예상하지 못한 것이에요. 이전에 저와 레온디오스 수도사는 먼저 하늘나라로 떠나는 사람이 나머지 사람도 부르기로 약속을 했었습니다. 분명 그가 하느님 앞에서 용기 내어 청한 것이 틀림없습니다. 그렇지 않고서야 어찌 이런 기적이 일어날 수 있었겠습니까? "구하여라, 받을 것이다"라고 했습니다. 여러분도 원하신다면 요청하시기 바랍니다."

"우리는 그대가 떠나지 못하도록 요청할걸세. 그대의 기도가 어디로 가는지 한번 지켜보시게나."

게론디오스 수도사님이 말씀하셨다.

"저는 간암입니다. 이미 이륙을 위한 엔진이 가동 중인걸요. 저를 붙잡을 수 있는 것은 아무것도 없습니다."

"내가 그를 막아야겠어. 키릴로스 수도사가 염원을 담은 기도를 멈추도록 설득할 수 있는 사람은 아무도 없어. 우리는 그가 이곳에 있기를 원하는걸. 하느님께서 그의 기도를 들어 주시지 않도록 우리 모두 기도를 올려야만 해. 하느님께서 그가 원하는 대로 하시게 놔둘 수는 없어. 그리고 하늘은 이미 성인들로 가득 채워져 있지 않은가. 한 명, 한 명 그렇게 우리 곁을 떠나면 우리는 어떻게 되겠는가?"

게론디오스 수도사님이 혼잣말을 하셨다.

나는 이 수도사님들을 진심으로 존경했다. 이 얼마나 아름다운 영들인가! 이 얼마나 자유로운 정신인가! 이 얼마나 고귀한 모습인가!

나는 키릴로스 수도사님을 뵙기 위해 병원으로 갔다.

"수도사님, 좋아 보이시네요."

"조금만 더 기다리시면 아마도 더 좋은 모습을 보시게 될 겁니다. 물론 게론디오스 수도사가 저를 방해만 하지 않는다면요. 그는 저를 붙잡으려고 애쓰고 있어요. 문제는 그가 기도를 할 줄 안다는 것입니다. 그리고 하느님께서 그의 기도를 잘 들어 주신다는 거죠. 그는 다른 형제들도 선동했답니다. 하지만 저는 제가 승리할 거라고 생각합니다. 그런데 또 한 가지 걸리는 것은, 그는 다른 이를 위해 기도하고, 저는 제 자신을 위해 기도한다는 점입니다. 트리폰 신부님의 말씀에 따르면 다른 사람을 위한 기도는 더 큰 힘이 있다고 하던데, 죄인인 키릴로스 한 명이 어떻게 이 모든 형제들과 싸워 이길 수 있단 말입니까? 게다가 그 대다수는 덕까지 갖추고 있답니다. 신부님께서도 이 문제를 해결할 수 있게 기도를 좀 드려 주셨으면 합니다.

그리고 신부님께 부탁드릴 것이 있습니다. 다른 형제들이 저와의 게임에서 지면, 그때 오셔서 죽음을 앞두고 있는 이들을 위한 기원을 저에게 해 주셨으면 합니다. 다음에 오실 때는 리허설을 위해 기원예식서를 가지고 와 주세요. 저는 이제 눈을 감고 팔을 십자가 형태로 모은 후에 장례 예식을 시작합니다…. '하느님의 종, 죄인 키릴로스 수도사의 안식과 그가 알게 모르게 생전에 지은 모든 죄의 용서를 위해 기도 드립시다.'"

키릴로스 수도사님은 찬양하는 마음과 충만한 기쁨 속에서 이렇게 말씀하셨다.

두 달이 훌쩍 지나고, 4년이라는 세월이 더 흘렀다. 비행기에 탑승했던 수도사님은 자신의 비행이 취소된 것을 믿기 어려워 하셨다. 그분은 이 모든 책임이 당신이 무척 사랑하시던 게론디오스 수도사님께 있다고 생각하셨다. 결국 하느님께서 게론디오스 수도사님과 또 기도로 그분을 지지했던 형제들의 손을 들어 주셨기 때문이다. 하지만 키릴로스 수도사님은 포기하지 않으셨다.

"첫 번째 게임에서는 게론디오스 수도사가 승리할 수 있었지만 아직 제게는 하늘의 레온디오스 수도사가 남아 있답니다. 아무도 그가 우리 곁을 떠날 것이라 생각하지 못했던 그때 나는 그에게 부탁을 했었답니다. 언젠가는 하느님께서 분명 그의 말을 들어 주실 거예요."

수도사님이 해맑게 웃으며 말씀하셨다.

성탄절 전야였다. 키릴로스 수도사님으로부터 방문 요청이 왔다. 그분의 영혼은 천사처럼 하늘을 날고 있었고, 입술은 끊임없이 찬양을 올리는 중이었다. 얼굴에선 빛이 났고, 가슴은 형용할 수 없는 은총으로 흘러넘치는 듯했다. 건강도 괜찮으신 듯 보였다.

"저의 때가 다가오고 있다는 생각이 듭니다. 카운트다운이 곧 시작될 거라는 느낌입니다. 이번 여행에선 로켓을 타고 갈 거예요. 형제들이 계획을 망칠 수 없도록 단번에 떠날 겁니다. 이번에는 보장된 티켓이에요. 신부님께서 제게 등을 돌리지만 않으시면 됩니다. 신부님은 제 편이시죠? 다른 세상이 있는데 무엇 때문에 이 세상에 남아 있어야 하나요?"

　축일이 지나자마자 키릴로스 수도사님의 건강에 이상 징후가 나타났다. 어지러움증과 강한 통증이 찾아온 것이다. 수도원의 형제들이 수도사님을 병원으로 모셔갔다. 상태로 보아 그분의 영혼에 새로운 여정이 열린 듯했다. 암이 온몸으로 전이되어 있었다. 하염없는 슬픔 속에 병원을 찾았던 사랑하는 형제들로부터 그 소식을 전해 들으신 키릴로스 수도사님은 부드러운 미소를 지어 보이셨다. 광야에서 40여 년을 헤맨 후에 약속의 땅을 본 것처럼, 복음에 나오는 중풍병자가 38년이라는 인고의 세월 후에 걷게 된 것처럼, 수도사님은 십자성호를 그은 후 가슴 가장 깊은 곳으로부터 "하느님, 당신께 영광"이라고 외치셨다.

　그 순간부터 수도사님은 농담을 멈추고 집중해서 준비를 하기 시작하셨다. 이미 안전하게 표를 확보하셨기에 이제 그분께 남은 일은 떠날 준비를 최대한 잘 하는 것이었다. 수도사님은 지속적으로 하느님께 기도를 드리셨다. 하느님을 향한 그분의 사랑은 깊어갔고, 믿음은 더욱 강렬해졌다. 이 세상에서의 날이 얼마 남지 않은 키릴로스 수도사님은 진실되고 영원한 다른 세상을 위해 깊은 숨을 고르고 계셨다.

　그러던 어느 날, 수도사님으로부터 연락이 왔다. 우리가 약속한 대로 임종을 앞둔 사람을 위한 기원을 해야 하니 기원예식서를 가지고 와 달라는 부탁이셨다. 내 기억이 맞다면 그날은 1월 7일 수요일이었다. 나는 예수님의 성 십자가 조각이 들어 있는 은 십자가를 챙겼다. 1692년 아르세니오스 대주교가 아토스 성산에 있는 시모노 페트라스 수도원에 헌정한 것이라고 뒷면에 새겨진 십자가였다. 이 수도원에 소속된 성당인 아테네의 주님 승천 성당에서 거의 십여 년을 봉직하면서 나는 자주 그 십자가에 경배를 했었다. 거기서 향기가 나는 일은 드물었는데, 십자가 현양 주일이나 십자가 경배 주일에만 간혹 아주 은은한 향을 맡을 수 있었다.

키릴로스 수도사님을 축복해 드리기 위하여 성유물함에서 십자가를 꺼냈다. 그리고 입을 맞췄다. 아무런 향기도 나지 않았다. 벨벳으로 만든 작은 주머니에 그것을 넣어 들고서 나는 병원으로 향했다.

아침 10시 30분경, 수도사님의 병상 옆에서 우리는 그분의 누이 마리아 씨를 기다리고 있었다. 수도사님께선 선구자 세례 요한의 축일인 오늘 떠날 것 같다고 내게 말씀하셨다. 하늘은 열려 있었고, 지극히 높은 곳에서 선구자 요한과 성삼위께서 그분을 기다리고 계셨다. 키릴로스 수도사님은 떠나기 위한 만반의 준비를 마치신 상태였다.

감각의 세계와 그분의 소통이 중단되었다. 기도에 깊이 몰입하신 것이 분명했지만 힘겨워하시는 모습도 역력했다. 수시로 "아멘, 오소서, 주 예수여"(묵시록 22:20)를 반복하셨다. 수도사님께서 경배하실 수 있도록 주머니에서 십자가를 꺼냈다. 그곳에는 병원장과 간호사 한 명 그리고 수도원에서 오신 수도사님 두 분이 계셨다. 키릴로스 수도사님은 성호를 긋고 십자가에 경배하셨다. 그곳에 있는 우리 모두가 십자가에 경배했다.

"키릴로스 수도사님, 좀 어떠신가요? 괜찮으신가요? 힘들지는 않으신지요? 혹시 저희에게 바라는 것이 있으세요?"

"저는 행복합니다. 그 어떤 것도 바라지 않습니다. 저는 떠납니다. 지금 저는 누이가 오기만을 기다리고 있어요. 그가 오면 저는 즉시 날아갈 겁니다. 이미 저는 발사대 위에 서 있고, 카운트다운은 시작되었어요. 우리는 헤어지는 것이 아니기에 저는 슬퍼하지 않습니다. 단지 우리는 한 명씩 "아버지의 집, 고통도 슬픔도 한숨도 없는 영원한 생명이 있는 곳"으로 떠날 뿐입니다…."

수도사님의 목소리가 끊어졌다.

"언제 기원을 드리면 좋을지요? 지금 시작하면 될까요?"

내가 여쭈었다.

"아직은 아닙니다. 잠시 후에 말씀드리겠습니다."

잠시 침묵의 시간이 흘렀다. 그 사이 수도원에서 두 분의 수도사님이 더 찾아오셨다. 키릴로스 수도사님은 아무것도 모르시는 것 같았다. 에프스타티오스 수도사님이 키릴로스 수도사님께 다가가 귀에 대고 큰 소리로 말씀하셨다.

"모든 것에 있어 하느님께 영광 드린다. 그분께 영광 드리는 것을 영원히 멈추지 않을 것이다…." 그러자 동행한 스타브리아노스 수도사님이 그 말을 이어받아 "나에게 어떤 일이 닥친다 하더라도"라고 문장을 완성하셨다.[*] 키릴로스 수도사님이 두 분의 말을 들으시더니 천천히 눈을 뜨셨다. 그리곤 "나에게 일어나는 모든 것에 있어서"라고 교정을 하시고 "이것이 중요한 의미일세" 하고 덧붙이셨다. 그런 후에 수도사님은 나에게 눈짓을 보내시고는 내가 다가가자 다음과 같이 말씀하셨다.

---

[*] 이 두 구절은 요한 크리소스토모스 성인이 올림비아스 봉사자에게 보낸 열한 번째 서신에 있는 부분이다.

"이 형제를 조심해 주세요. 아주 훌륭한 수도사이고, 저는 이 형제를 무척 사랑합니다. 하지만 기도를 많이 하는 게론디오스 수도사의 사람이랍니다. 게론디오스 수도사처럼 기도를 많이 하고 깊은 믿음을 가지고 있으니, 이 형제가 하느님께 기도하면 제가 또 세상에 더 머물게 되어 주님 곁으로 가는 게 늦어질지도 모릅니다. 그러니 이 마지막 순간에 저의 뜻과 바람을 망치지 않도록 해 주세요."

힘든 와중에도 수도사님은 이런 농담을 하며 웃음을 지어 보이셨다.

죽음을 앞둔 순간의 신성함 속에서도 그것을 가벼운 마음으로 대하는 이 같은 유쾌한 감성의 교체는 매우 특별한 것이었다. 키릴로스 수도사님은 영원 속에 사시면서도 일상을 품고 계셨다. 그리고 이 두 언어를 마지막 순간에 놀랍게 구사하셨다!

수도사님은 다시 깊이 가라앉고 계셨고 주변에는 침묵이 흘렀다. 그런 시간에, 그런 인물 옆에서 무슨 말을 할 수가 있겠는가? 우리 모두는 경외심을 가지고 그분의 곁을 지켰다. 얼마 되지 않는 인원, 하지만 수많은 천사들이 키릴로스 수도사님을 지켜보고 있었다. 피조 세계의 시간이 정확히 낮 12시를 가리켰다. 영원은 바늘과 숫자가 없는 시계, 시간도 없고 끝도 없는 그 시계를 맞추고 있었다!

수도사님은 더 이상의 의사소통을 하실 수 없는 듯했다. 호흡은 거칠었고 숨소리도 미약했다. 그분의 얼굴은 천사와 같았다. 30분이 넘도록 어떤 말도 하지 않고 계셨다. 수도사님께 남은 것은 마지막 숨밖에 없었다. 그렇게 보였다.

하지만 내 판단은 빗나갔다. 키릴로스 수도사님은 다시 내게 눈짓을 하시고는 뭔가 말씀을 하시려고 했다. 그러더니 두 손바닥을 펴서 나란히 붙여 보이셨다.

"기원을 올리길 원하세요?"

나의 물음에 수도사님께서 고개를 끄덕이셨다.

나는 영대를 목에 걸고 임종을 앞둔 이를 위한 예식 성가를 시작했다. 그것은 아름다우면서도 경외감을 일으키는 예식이었다! 수도사님의 입술이 조금씩 움직였다. 키릴로스 수도사님은 예식의 의미를 따라가면서 적절한 지점에서 십자성호를 그으려고 애를 쓰셨다. 그분의 부탁대로 나는 전체 카논을 읽어 내려갔다. 수도사님은 평온한 모습이었다. 기원을 다 올린 후 폐식사까지 드렸다. 입을 맞추시라고 그분께 영대를 내밀었다. 의식이 흐려진 가운데에서도 수도사님은 아주 경건하게 나의 손에 입술을 갖다 대셨다. 사제로서의 나의 손에 입을 맞추신 것이다. 그 순간 나는 내 손이 한 성인의 얼굴에 닿은 듯한 느낌을 받았다. 고개를 숙여 나는 그분께 입을 맞췄다. 그는 살아 있는 이콘! '이 세상에 속하지 않은' 사람이었다.

키릴로스 수도사님이 입술을 움직이셨다. 경배할 뭔가를 원하시는 것 같았다. 거룩한 십자가를 찾으시냐고 여쭙자 고개를 끄덕이셨다.

다시 주머니에서 십자가를 꺼낸 나는 먼저 그것에 입을 맞췄다. 진하고 아름다운 향기가 흘러나왔다. 아무 말 없이 하느님의 성인이 경배하실 수 있도록 십자가를 건네드렸다. 수도사님은 눈을 뜨시더니 십자성호를 긋고서 십자가에 입을 맞추셨다. 눈물이 그분의 볼을 타고 흘러내렸다. 그리고 영원한 침묵 속으로 빠져들어 가셨다. 잠시 후 키릴로스 수도사님은 마지막 숨을 내쉬시고는 마침내 영원한 지복의 세계, 온유한 사람들의 땅으로 스르르 건너가셨다.

그곳에 있는 모든 사람들이 경건하게 십자가에 경배했다. 그리고 십자가의 은총과 함께 겸손하셨던 키릴로스 수도사님의 축복도 맛보았다. 우리 중 그 누구도 그 순간까지 향기를 감지하지 못했지만, 지금은 모두가 예외 없이 향기를, 그것도 아주 진한 향기를 느끼고 있었다. 이렇게 하느님께서는 당신의 기쁨을 나타내셨다. 키릴로스 수도사님은 안식이라는 말의 뜻처럼, 편안한 쉼이 있는 곳으로 돌아가셨다.

'의인들은 영원 속에서 살며 영원토록 기억될 것이다.'

맺음말을 대신하여

죽음은 어쩌면 우리 삶에 있어 가장 가까운 동료는 아니지만, 필연적인 사건인 것만은 분명하다. 탄생의 기쁨은 모든 이에게 예외 없이 시련의 사슬로 이어지며, 비극적이고 공포스러우며 늘 검은색으로 묘사되는 죽음의 날인으로 그 끝을 맺는다.

죽음의 경험은 고뇌를 불러온다. 죽음은 고통스러운 이별과 공허감, 미완의 꿈, 생생한 기억, 알 수 없는 미래에 대한 불안, 마지막이라는 두려움, 망각에 대한 우려, 회한, 죄책감, 의심을 야기한다. 죽음은 우리가 기억하는 몸, 눈으로 보고 포옹하고 입 맞추던 몸, 생각하고 말하고 그 사람의 이미지를 표현하던 몸을 그리워하게 만든다. 또한 몸은 땅속에서 썩어서 흙으로 돌아간다. 변형되고 변질된다. 뿐만 아니라 자신의 죽음에 대한 의식적 또는 무의식적인 생각이 우리를 괴롭히기도 한다.

이 모든 것은 영혼에 깊은 아픔을 자아낸다. 그리고 이는 보편적인 사건으로서 그 누구도 예외 없이 모두가 경험하는 것이다. 심지어 교회에서도 장례 예식에서 "죽음을 생각할 때 나는 울고 탄식하나이다"라고 노래한다. 우리는 성 대 금요일에 예수님 장례식 때 부르는 성가에서 성모님의 인간적인 비극이 강한 톤으로 표현되어 있음을 그리 어렵지 않게 볼 수 있다.

그럼에도 불구하고 교회는 죽음의 또 다른 면을 우리에게 제시해 준다. 우리에게 사후의 지복, 안식, 하늘나라, "고통도 슬픔도 한숨도 없는 영원한 생명"의 상태에 대해 이야기한다. 죽음의 비극, 죽음의 막다른 골목, 죽음의 슬픔 뒤에 감춰진 생명과 부활에 대해 말해 준다. 특히 교회는 죽음을 안식이라 명명한다. 이 모든 것은 위로의 가르침이나, 마음을 안정시키기 위한 수단이나, 인위적으로 현실을 외면하도록 제공되는 것이 아니다. 이것들은 유일하고 위대하고 핵심적인 진리로서, 시간을 초월하는 교회의 경험으로서 그리고 성인들의 은총에 대한 경험적 증거로서 제공되는 것이다.

이 모든 믿음은 그리스도의 부활이라는 놀라운 사건에 기반한다. 부활절은 의심의 여지없이 정교회 전통에 있어 제일 큰 축일이다. 정교회 신학의 모든 내용이 그 안에 응축된 형태로 담겨 있다. 죽음의 신비와 참된 생명을 체험하는 지점이기도 하다. 주님의 무덤과 주님께서 부활하신 빈 무덤이 결합된 하나의 축일이다. 성 대 목요일 십자가가 나오자마자 우리는 "주님이시여, 당신의 십자가는 당신 백성에게 생명과 부활을 표상하나이다"라고 찬양한다. 또한 "그리스도의 부활을 본 후에…"*를 낭독할 때 우리는 다시 십자가를 기억하며 "그리스도여, 주의 십자가를 경배하며 주의 거룩한 부활을 찬송하고 찬미하나이다"라고

---

* "그리스도의 부활을 본 후에 거룩하신 주 예수를 흠숭하오니 주 홀로 죄가 없으시나이다. 그리스도여, 주의 십자가를 경배하며 주의 거룩한 부활을 찬송하고 찬미하오니 주는 우리 하느님이시며 주 외에 다른 이를 우리가 알지 못하나이다. 우리가 부르는 것 또한 주의 이름이로소이다. 믿는 이들이여, 모두 와 그리스도의 거룩한 부활을 흠숭할지어다. 그로 말미암아 십자가가 온 세상에 기쁨을 가져왔도다. 언제나 주를 찬미하고 주의 부활을 찬송할지니 우리를 위해 십자가를 지심으로써 죽음으로 죽음을 멸하셨음이로다."

노래한다.

정교회의 삶과 신학에 있어서 정말 자주 사용되는 단어인 "부활"은 그만의 방법으로 생명과 죽음을 동시에 이야기한다. 그 둘을 분리하지 않는다. 죽음 위에 생명을 제시한다. 죽음에 비교되는 생명을 우리에게 보여 준다. 또한 중단됨이 없는 영원한 생명의 전망 안에서 죽음의 진실을 보여 준다. 그 진실이란 바로 죽음은 끝이 아니며, 이 세상에서 다른 세상으로 넘어가는 과정이라는 것이다.

"그리스도께서 부활하셨네. 죽음으로 죽음을 멸하시고 무덤에 있는 자들에게 생명을 베푸셨나이다." 부활의 승리의 찬가이자 아주 빼어난 생명의 찬가인 이 성가는 그리스어 열네 개 단어로 구성되어 있는데, 여기서 "죽은 자들로부터"* "죽음으로" "죽음을" "무덤에 있는 자들에게" 이렇게 네 번 죽음을 언급한다.

부활 카논에서 우리는 "죽음의 죽음을 찬미합시다"라고 노래한다. 부활은 그리스도의 십자가와 죽음을 승리와 생명의 상징으로 변화시켰다. 그것은 그리스도 자신만을 위한 승리와 생명이 아니라, 우리를 위한 그리스도의 승리와 생명이었다. 그리스도께서는 우리가 당신의 신성을 억지로 믿게 하려고 부활하신 것이 아니라, 우리에게 영원한 생명을 주시고 당신의 생명을 영원히 우리에게 베푸시기 위해 부활하셨다.

그리스도의 신성과 부활에 대한 믿음이 고통에 대한 가장 좋은 해석 방법, 죽음에 대처하는 가장 좋은 도구, 위로와 격려의 가장 좋은 방편

---

* 그리스어 가사 "그리스도께서 죽은 자들로부터 부활하셨네(Χριστός ανέστη εκ νεκρών)"가 한국어로 번역되면서 "그리스도께서 부활하셨네"가 되었다.

이 되는 이유이다.

마지막으로, 교회의 혁신적인 태도는 교회가 제안하는 삶, 산상 설교, 구복, 사랑의 가르침에서도 발견할 수 있다. 하지만 무엇보다도 가장 혁신적인 것은 교회의 논리, 십자가의 논리이다. 누구든지 이것을 무기로 삼을 때 "전혀 다른 방식과 관점으로" 믿음에 다가갈 수 있고, "새로운 생명"을 얻을 수 있고, 영원한 부활의 "축복과 기쁨"을 누릴 수 있다.

교회에서는 십자가에 못 박히신 분이 영광을 받고, 가장 낮은 사람이 선호되며(루가 13:30), 미리 준비한 사람이 아니라 언변과 지혜를 받은 사람이 설득하고(루가 21:14), 스스로 죽는 사람이 산다.(요한 11:26) 주님께서 "사라져 보이지 않았을 때"(루가 24:31) 영안이 열리고 신비가 드러나며, 그리스도께서 승천하며 헤어질 때 제자들은 기쁨에 넘친다.(루가 24:52) 죽음은 하느님이자 인간이신 분, 즉 그리스도께서 십자가에 못 박혀 돌아가실 때 멸망하고(히브리 2:14), 목숨은 잃을 때 그 가치를 얻는다.(마르코 8:35) 인간은 죽을 때 영생에 대한 축복을 받고 육화하지 않은 성령은 모든 이들을 "참된 진리로"(요한 16:13) 이끌어 주신다.

그리스도께서는 베들레헴에서 낮아지셨을 때, 요르단 강에서 겸손을 보이셨을 때, 다볼산에서 변화하셨을 때, 올리브 산에서 승천하셨을 때, 골고타에서 희생하셨을 때, 무덤에서 부활하셨을 때 영광을 받으셨다. 그때 영광의 왕이라 불리신다. 이 모든 것은 일반적인 논리를 무너뜨린다. 무력화한다. 하지만 동시에 신비로운 인간의 위대함을 이끌어 낸다. 비록 인지하지 못하고 있다 하더라도 그것은 각자의 내면에 감춰져 있으며 드러내도록 부름을 받는다.

교회는 부활의 교회이다. 왜냐하면 생명에 이르는 좁은 문으로 들어가고, 험한 길로 걸어가도록(마태오 7:14), 자신의 십자가를 지고 주님을 따르도록(마태오 16:24), 당신의 몸을 내어 주신 그리스도와 함께 십자가에 못 박혀 살도록(갈라디아 2:20), 죽음 안에서 생명을 보고 고통 속에서 구원을 발견할 수 있도록 신자들을 독려할 줄 알기 때문이다.

"십자가에서 고난받으심으로써 고난을 멸하신" 주님의 십자가 위에 우리의 고난을 투영하고, 당신의 옥좌로 바꾸신 주님의 무덤 위에 우리의 죽음을 투영할 때 우리는 죽음을 이겨 내신 분에 대한 우리의 믿음의 놀라운 결과를 경험할 수 있다. "나를 믿는 사람은 그 속에서 샘솟는 물이 강물처럼 흘러나올 것이다."(요한 7:38) "나를 믿는 사람은 내가 하는 일을 할 뿐만 아니라 그보다 더 큰 일도 하게 될 것이다."(요한 14:12) "나를 믿는 사람은 죽더라도 살겠고 또 살아서 믿는 사람은 영원히 죽지 않을 것이다."(요한 11:25-26)

진실된 믿음, 그리스도의 신성에 대한 어린아이와 같은 순수한 믿음은 하느님이 보이지 않는 그곳에서… 하느님을 보게 한다.

ἔδωκα ὑμῖν, ἵνα καθὼς ἐγὼ ἐποίησα ὑμῖν

하느님이 보이지 않는 그곳에서
인간의 고통과 죽음, 그리고 정교회가 말하는 참된 생명

초판 1쇄 발행일   2022년 7월 23일
초판 1쇄 인쇄일   2022년 7월 23일

지 은 이   니콜라오스 대주교
옮 긴 이   요한 박용범
펴 낸 이   조성암 암브로시오스 대주교
펴 낸 곳   정교회출판사
출판등록   제313-2010-5호

주   소   서울시 마포구 마포대로18길 43
전   화   02-364-7020
팩   스   02-6354-0092
홈페이지   www.philokalia.co.kr
이 메 일   orthodoxeditions@gmail.com

ISBN 978-89-92941-67-9   03230

값 12,000원

이 책의 저작권은 정교회출판사에 있습니다.
저작권법에 의해 한국 내에서 보호를 받는 저작물이므로 무단 전재 및 복제를 금합니다.